"발 아래를 내려다보지 말고,
눈을 들어 하늘의 별을 바라보라."

- 스티븐 호킹 -

_____님께 드립니다.

저자 김 대 영

신뢰가 전부다

사람들은 나를 어떻게 생각할까?

신뢰가 전부다

김대영 지음

매일경제신문사

극적으로 부활한
타이거 우즈의 평판

'잇단 불륜으로 이혼당한 남자에서 자상한 아빠로 변신'
골프 황제 타이거 우즈 이야기다.

성실한 이미지와 강력한 카리스마로 대중을 사로잡았던 우즈의 평판이 무너지기 시작한 것은 2009년 추수감사절 연휴 때다. 휴대폰에 남겨진 불륜문자를 추궁하는 아내에게서 도망치듯 차를 몰고 나와 소화전에 부딪힌 사건이 언론에 크게 보도됐다. 그 후 잇단 섹스 스캔들이 밝혀지면서 결국 이혼당했다. 고장 난 척추와 무릎 때문에 수차례 수술을 받았고 약물 과다복용으로 운전 중 정신을 잃기도 했다. 2017년 11월 세계 골프 랭

킹이 1,199위까지 하락했다. 자신의 처지를 비관해 아예 골프를 그만둘까도 고민했다. 그런 그를 밑바닥에서 일으켜 세운 것은 가족이었다. 우즈는 아이들과 스포츠 경기를 관람하거나 낚시를 하면서 정신적 여유를 찾았다. 2018년 마스터스대회에 출전해서는 달라진 모습을 보여줬다. 한 폐암 말기 환자의 마지막 소원이 우즈의 경기라는 소식을 접하고 그를 초청해 골프장갑에 서명해서 건네줬다. 2019년 4월 마스터스대회에서는 우승컵과 함께 자신의 망가진 평판도 끌어올렸다. 1997년 마스터스대회에서 22세로 최연소 우승을 한 뒤 아버지인 얼 우즈를 부둥켜안았던 그는 22년이 흐른 뒤 아빠가 되어 아들(찰리)을 껴안으며 눈물을 흘렸다.

그러나 호사다마好事多魔라고 했던가. 2021년 2월 로스앤젤레스 근교에서 제네시스 GV80 차량을 직접 운전하다가 커브길 과속(시속 140km)으로 차량이 구르는 사고를 당했다. 다리 골절로 더 이상 선수생활을 하기 어려울 것이라는 시각이 지배적이었다. 그런데 우즈는 자신에게 닥친 엄청난 역경에 독특한 해석을 하며 사람들을 놀라게 했다. 그는 주위 사람들에게 "나는 이번 교통사고를 하나의 도전이라고 생각하면서 이것 또한 견디고 즐기려고 생각한다"라고 말했다. 이는 궁극의 회복탄력성의 멘털을 보여준 발언이다. 실제로 우즈는 그 해 12월 아들 찰리와 함께 PNC챔피언십에 참가했다.

우즈의 평판이 다시 살아난 시점에 한국에서는 유명 연예인들이 잇달아 평판 추락을 겪었다. 유명 가수이자 배우인 박유천 씨의 몰락은 팬들에게 충격을 줬다. 외모와 노래, 연기를 잘해 연예계의 블루칩으로 꼽힌 그는 반듯한 모범생 이미지로 평판이 상한가를 달렸다. 그러나 주점에서 여성 종업원을 성폭행했다는 의혹이 제기되면서 깔끔한 이미지에 금이 가기 시작했다. 사귀던 남양유업 창업주 외손녀가 마약투여 조사를 받던 중 박유천 씨와 함께 했다고 진술하면서 사태는 일파만파로 번졌다. 박 씨는 기자회견을 열어 마약을 투여한 적 없다고 결백을 주장했지만 경찰은 그의 몸에서 필로폰 검출 사실을 밝혔고, 소속사는 전속계약을 해지했다.

이에 앞서 한국에서는 남성중심의 가부장적 문화를 흔든 미투me too.(나도 당했다) 폭로가 이어졌다. 미국에서 시작된 미투 열풍은 한국에서는 거대한 폭풍우가 되었다. 봇물처럼 쏟아진 미투 고백으로 유력 대선후보와 문화계 거물, 방송계 스타 등이 잇달아 추락했다. 미투 관련 비행은 단 한 번의 실수도 용납되지 않는 무관용Zero tolerance의 원칙이 적용돼 어마어마한 파괴력을 발휘했다.

개인은 물론이고 회사나 국가도 '신뢰'가 중요하다. 월드 밸

7

류 서베이의 국가 비교 연구에 따르면 독일, 일본, 영국은 공동체나 국가시스템에 대한 국민들의 신뢰도가 높다. 구성원끼리 서로 신뢰하는 나라는 경제적 수준도 높다. 반면, 구성원끼리 믿지 못하는 국가인 그리스, 요르단은 경제적 수준이 낮았다. 국민들 간 신뢰 정도에 따라 잘사는 나라와 못사는 나라가 구별되는 셈이다. 지역별 신뢰격차도 빈부에 영향을 준다. 이탈리아의 밀라노 등 북부 지역은 패션산업이 발달하고 생활수준이 높다. 그러나 나폴리 이남의 남부 지역은 범죄조직인 '마피아'부터 떠오를 정도로 악명이 높고 소득은 북부의 3분의 1에 불과하다. 구성원 간 신뢰가 높은 사회는 업무 처리도 쉽고 빠르다. 이런 사회에서는 구입한 제품의 가격이 공정한지를 따지느라 고민하지 않아도 된다. 물론 상대방의 신뢰를 얻기 위해서는 의도가 선해야 하며 일처리 과정이 투명해야 하고 일처리 결과가 만족스러워야 한다. 말과 행동에 진정성이 담길 때 사람들은 마음이 움직인다. 평판관리란 진정성과 진심을 보여주는 것이다.

이 책은 크게 6개의 파트로 구성되어 있다.

파트 1에서는 한국사회를 강타한 미투 열풍과 그 이후 평판 관리법을 다룬다. 파트 2에서는 재벌 3세 갑질과 평판 리스크, 갈등관리에 대해 서술한다. 파트 3에서는 입사 후 1년 안에 굳어지는 조직 내 평판과 자신과 직업 간 관계에 대해 체계적으로 분석한다. 파트 4에서는 직장인들의 영원한 숙제인 상사와의 관계와 폭군형 상사 대응법, 전직의 기술 등을 소개한다. 파트 5에서는 갈수록 중요해지는 디지털 평판을 자세하게 다룬다. 마지막 파트 6에서는 100세 시대 평판관리법과 작은 성공이 큰 성공을 부르는 '성공의 나선', 평판관리 10년 로드맵 등을 다룬다.

2000년대 중반 주일특파원 시절에 평판에 관한 책을 쓰겠다고 마음먹었다. 매일 매일 뉴스를 쫓아다녀야 하는 일상 때문에 진도가 나가지 않았다. 그러나 포기하지 않고 시도했더니 평판을 주제로 3종 세트를 펴내게 되었다. 기업평판을 다룬《평판이 전부다》와 국가평판을 다룬《품격이 전부다》에 이어 이번에 개인평판 책을 내놓게 된 것이다.

이 책이 나오기까지 많은 분들의 도움이 있었다.

우선 매경출판 편집자들의 수고가 있었다. 이기대 형의 조언이 있었으며 평생의 동반자인 아내의 따뜻한 배려가 있었다. 아무쪼록 이 책을 읽는 독자들이 직장과 인생에서 평판을 관리하는 데 조금이나마 힌트를 얻었으면 하는 바람이다. 더 나아가 개인 간 신뢰 회복이 우리 사회 전체의 신뢰 향상으로 이어진다면 더할 나위 없이 좋겠다.

김대영

재벌 3세
갑질과
위기관리

Do to others what you
would have them do to you.

남에게 대접받고자 하는 대로 남을 대접하라.

• 마태복음 7:12

반복되는
재벌 3세 갑질 논란

**"음료수가 들어있던 유리병을 던졌는데 안 깨졌음.
분이 안 풀려서 다시 물을 뿌렸음"**

2018년 4월 광고대행사 임직원들이 접속하는 익명 커뮤니티인 블라인드Blind 앱에 이와 비슷한 내용의 글이 계속 올라왔다. 이는 3월 16일 회의에서 있었던 조현민 대한항공 전무의 '물컵 갑질'이 외부로 알려지게 된 결정적인 계기가 됐다. 이날 회의는 대한항공 영국편 광고를 내보내기 위해 현지에서 촬영한 내용에 대해 논의하는 자리였다. 대한항공에서 6명, 광고대행사에서 8명이 참석해 오전 10시부터 2시간가량 예정된 회의였다. 그러나 조 전무가 회의 시작 후 광고대행사 팀장에게 영국 관련

17

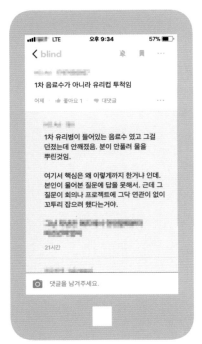

익명의 커뮤니티인 블라인드에 올라온
물컵 갑질 관련 글

한 질문을 던졌는데 제대로 답변을 못하자 화를 내며 책상 위에
놓인 음료수와 물컵 등을 집어던졌다. 회의는 15분 만에 끝났고
그 광고대행사 임원은 충격을 받은 직원들과 점심을 먹고 일찍
퇴근시켰다. 그 후 블라인드 앱에 관련 소식이 뜨자, 조 전무는
당사자에게 문자로 사과했다. 페이스북에도 사과 메시지를 남
긴 후 베트남으로 해외여행을 떠났다. 그러나 국내 여론이 급속

히 악화되자 급히 귀국했다. 언론사에는 그동안의 갑질 언행에 대한 제보가 물밀 듯이 들어왔다.

조 전무의 물컵 갑질 이후 불과 며칠 사이에 대한항공을 포함한 한진그룹 계열 상장회사들의 시가총액은 무려 3,000억 원이 넘게 사라졌다. 2014년 12월 조양호 한진그룹 회장이 장녀 조현아 대한항공 부사장의 '땅콩 회항'으로 빚어진 국민적 분노를 잠재우기 위해 고개를 숙이고 사과하며 회사 내 소통위원회를 구성해 기업문화를 쇄신하겠다고 약속한 지, 3년 3개월 만에 비슷한 일이 재발한 것이다. 관세청이 조세포탈 혐의로 조 전무 등 총수 일가 자택과 사무실을 압수수색하고 5년간 신용카드 해외 사용내역 조사에 착수하면서 사건은 일파만파로 커졌다. 결국 이 사건이 언론에 알려진 지 열흘 만에 조양호 회장은 사과문을 내놓고 조현민, 조현아 자매를 회사의 모든 직책에서 물러나게 했다.

조현민 전무의 '물컵 갑질'은 해외 언론에서도 다루면서 한국의 국가이미지를 실추시켰다. 〈뉴욕타임스〉는 갑질이라는 한국어를 영어 스펠링인 'gapjil' 그대로 썼다. 이 용어 설명으로 '봉건시대 영주처럼 부하 직원이나 납품업체에 권력을 남용하는 행위'라고 적시했다. 한국의 재벌chaebol 가족들이 반복적으로 갑질을 저질렀다는 지적도 덧붙였다.

물컵 갑질 사건 일지

일자	내용
3월 16일	• 조현민 전무 물컵 갑질 사건 발생
4월 12일	• 사건이 알려지자 조 전무가 SNS에 사과글 게재
4월 13일	• 경찰이 조 전무에 대한 내사 착수 • 청와대에는 회사명 바꾸라는 청원 제기
4월 14일	• 조 전무 추정 인물의 욕설 녹음파일 공개 • 내부 직원들이 조양호 회장 부인의 욕설과 명품 밀반입 의혹 제기
4월 16일	• 대한항공, 조 전무 대기발령
4월 17일	• 경찰이 조 전무 수사 착수하고 출국금지 조치 • 국토부, 조 전무가 6년간 진에어 등기임원 맡은 것의 불법 여부 조사 개시
4월 18일	• 관세청, 오너 일가의 5년간 신용카드 내역 조사
4월 19일	• 경찰, 대한항공 압수수색하고 조 전무 휴대폰 압수
4월 20일	• 대한항공 직원 500여 명, 카카오톡 '갑질 불법비리 제보방' 개설
4월 21일	• 관세청, 총수 일가 자택 및 대한항공 사무실 압수수색
4월 22일	• 조양호 회장이 사과문 발표하고 조현민, 조현아 자매는 모든 직책에서 사퇴 • 전문경영인(부회장직) 신설
5월 9일	• 조양호 회장 부인, 갑질 의혹에 대한 사과와 해명
5월 10일	• 조양호 회장 진에어 대표이사에서 사퇴
5월 4~12일	• 대한항공 직원과 조종사들이 조양호 회장 일가 갑질 비판과 경영 퇴진 촉구 집회

※2018년

신뢰가 전부다

그렇다면 왜 많은 재벌 3세들이 창업주 세대와 달리 반복해서 갑질을 하는 것일까? 우선 창업주 세대는 무에서 유를 창조하는 과정에서 사회 밑바닥을 경험했다. 서민들이 어떤 생각을 갖고, 어떻게 생활하는지 잘 안다. 보통 사람들의 애환을 잘 안다. 재벌 2세만 하더라도 이 과정을 옆에서 지켜보면서 자란 만큼 직접 또는 간접적인 경험이 많다. 조현민 전무의 할아버지인 고故 조중훈 선대 회장은 해외출장 때 호텔이 아닌 파견자 숙소에서 직원들과 함께 숙식을 했다. 국내 산업 현장을 방문할 때는 양복 차림이 아닌 야전 점퍼나 작업복을 입었다고 한다. 그러나 재벌 3세는 대부분 태어날 때부터 유복한 환경에서 부족함 없이 자랐다. 어릴 때부터 부모가 회사 임직원들에게 지시하고 명령하고 혼내는 광경을 지켜보면서 자랐기 때문에 그런 모습이 자연스러울 수 있다. 본인은 일반 서민들과는 다르다는 특권의식과 선민의식에 익숙해져 있다. 상당수 재벌 3세들이 사회와 공감하지 못하고 다른 사람들 위에 군림하며 용납되기 어려운 행동을 하는 이유가 여기에 있다. 국민의 눈높이를 잘 알지 못하기 때문에 계속해서 국민적 분노를 자아내는 행동을 하게 된다.

돌이켜보면 박근혜 대통령을 탄핵으로 몰고 간 게 바로 국민적 분노다. 결정적으로 국민들의 마음에 불을 질렀던 것은 최순

평판 위기관리 측면에서 본 대한항공 3세들의 대처법

조현아 부사장	비교 항목	조현민 전무
2014년 12월 '땅콩 회항'	사건 개요	2018년 3월 '물컵 갑질'
사건 발생 일주일 후, 국토부에 출석하면서 공식 사과	본인 사과	익명 사이트에 사건이 알려지자 피해자에게 문자로 사과, 대한항공 직원들에게는 이메일로 사과
반성은 없고 변명한다는 인상을 주는 설명으로 국민들 분노	사건 발생 후 행보	휴가 내고 베트남으로 떠났다가 일정 앞당겨 귀국
모든 계열사에서 사임 후 2018년 3월 칼호텔네트워크 사장으로 복귀했지만 또다시 사퇴	보직 관련 조치	업무에서 배제되고 대기발령 후 사퇴

실 씨의 딸인 정유라가 SNS에 남긴 "능력 없으면 니네 부모를 원망해…돈도 실력이야"라는 글이었다. '부모를 원망하라'는 말에 대한민국의 부모와 청년들이 분노했고 광화문 광장으로 촛불을 들고 모여들었고 정권은 한순간에 몰락했다.

또한 스마트폰을 활용한 뉴미디어의 발달도 재벌 3세들의 갑질이 속속 드러나게 된 배경이다. 조현민 전무 사례가 보여주듯, 과거에는 드러나지 않았을 법한 재벌 총수 일가의 숨겨진 이야기들이 이제는 SNS나 익명 커뮤니티 앱 등을 통해 외부로 알려진다. 일단 인터넷 공간으로 올라간 메시지에 공감하는 사람들이 많아지면 상상을 초월할 정도로 폭발력이 커진다. 국가가 큰 연못이라면 회사나 임직원은 그 연못에 살아 숨 쉬는 물고기에 비유할 수 있다. 재벌 3세 갑질은 이 연못에 사는 물고기 한 마리가 갑작스럽게 휘젓고 다니면서 난동을 부린 셈이다. 그럴 경우 여론이 악화되고 물고기에 해당하는 그 회사 제품이나 이미지에 악영향을 미칠 수밖에 없다.

특히 재벌 3세 갑질 사건이 터지면 사법재판에 앞서서 여론재판이 열린다. 사법재판은 법규 위반을 따지지만 여론재판에서는 국민들의 눈높이나 기대치가 반영된 유죄추정 원칙의 '국민정서법'이 적용된다. 국민들의 감정을 건드리는 이른바 괘씸죄에 걸리면 여론의 뭇매를 맞기 십상이다. 그런 만큼 여론재판에서는 재벌 총수 일가가 재벌 3세를 보호하기 위한 일방적인 논리를 펴기보다는 피해자 입장에서 생각하고 판단해야 한다. 그래야만 피해자와의 관계를 회복할 여지가 생기고 사법부의 법정에서도 유리하다.

한편 일각에서는 대한항공 총수 일가가 잇달아 갑질 논란을 일으켰어도 왜 버틸 수 있는지 의아해 한다. 가장 큰 이유는 항공업이란 특성 때문이다. 항공 산업은 진입규제가 있는 '독과점'

업종이다. 때문에 미국에서도 항공사들의 갑질은 악명 높다. 유나이티드 항공도 갑질로 유명하지만 망하지 않고 버틴다. 독과점 기업이라서 소비자들의 선택지가 별로 없기 때문이다. 마일리지로 묶여 있어서 다른 항공사로 옮겨가기도 쉽지 않다. 만일 경쟁업체가 많아 소비자가 언제든지 다른 회사 상품을 구매할 수 있는 소비재 업종이었다면 대한항공은 외면당했을 가능성이 있다. 이는 2013년 영업사원이 대리점주에게 전화로 욕설과 폭언을 해서 불매운동으로 이어진 남양유업 사례와 비교하면 금방 이해할 수 있다. 수많은 경쟁자가 있는 유제품 업계의 특성 때문에 남양유업은 지금도 그 사건 발생 이전의 매출이나 영업이익을 회복하지 못하고 있다.

그렇다면 재벌 3세들의 리스크를 어떻게 줄일 수 있을까? 우선 재벌 3세들이 냉정하게 스스로에게 물어야 한다. 국민의 눈높이에 어울리는 사회적인 행동과 책임을 다할 자신이 없는데도 계속 임직원들에게 고압적인 자세로 명령하는 게 합당한지를 고민해야 한다. 회사 대표이사나 고위직에 있다면 그만큼 사회적 책무를 다해야 하는 '노블레스 오블리주' 정신을 가져야 한다. 아울러 기업 총수가 행사할 수 있는 권한의 한계를 인식하고 공과 사를 구분하는 행동을 하고, 소비자를 비롯한 국민정서를 이해하는 데 더욱 주의해야 한다.

2018년 5월 7일 〈매일경제〉 A10

기업평판 전문가가 말하는 실패하지 않는 재벌가 자식교육 4계명

2018년 5월 4일 대한항공 직원연대는 광화문 세종문화회관 앞에서 '조양호 일가 퇴진과 갑질 근절을 위한 제1차 촛불집회'를 개최함

　　기업 총수 일가도 경영승계에 대한 생각을 바꿀 때가 됐다. 상당수 재벌 3세나 4세는 어릴 적부터 선대가 이뤄놓은 업적의 무게에 눌려서 일종의 피해의식을 갖고 있다. 사회에서 바라보는 시선을 프레임으로만 바라보기 때문에 어항 속 금붕어처럼 계속 체크 당하고 있다는 생각을 가질 수도 있다. 이제 총수 일가도 경영승계에 대해 좀 더 냉정하게 따져봐야 한다. 기업경영에 흥미나 관심이 없고 사회적 가치도 익히지 못했는데 회사를 승계하도록 강요한다면 재벌 3세는 무척 괴로울 수밖에 없다. 그러면 회사 임직원도 괴롭고 사회에도 폐를 끼치는 것이

신뢰가 전부다

다. 회사를 물려받을 사람이 역량이 부족하고, 조화롭게 회사를 운영할 상황이 아니라고 판단되면 아예 다른 방법을 모색해야 한다. 이제는 같은 핏줄이라는 이유만으로 자식에게 경영권을 물려주는 전통 유교식 자본주의에서 벗어나야 할 때다. 해외 명문 장수 기업들처럼 대주주 후손이라도 장기간 경쟁과 시험대를 거쳐서 확실하게 검증받은 이후에 경영권을 물려받아야 한다. 그런 점에서 마이크로소프트 빌 게이츠 회장의 방식은 참고가 된다. 빌 게이츠 회장은 자녀들에게 평생 궁핍하게 살지 않을 정도로 적당한 돈을 남겨주고 교육비와 의료비는 한도 없이 지원해준다. 나머지 재산은 재단을 만들어서 사회공헌과 사회봉사기금으로 넣었다.

갈수록 많은 국민들이 기업과 기업가(대주주)를 분리해서 생각한다. 기업은 존속시키는 것이 바람직하지만 기업의 소유주(총수나 대주주)는 바뀌어도 된다는 인식이 확산되었다. 항공업종이 이를 잘 보여준다. 지금은 고인이 된 조양호 대한항공 회장은 2019년 3월 주주총회를 통해 회사 내 등기이사에서 배제되었다. 20년 만에 경영일선에서 물러나도록 끌어내린 셈이다. 산업은행을 비롯한 아시아나항공의 채권단도 박삼구 금호아시아나그룹 회장에게 아시아나항공을 매각하도록 종용해 이를 관철시켰다.

재벌 3세 최우선 덕목,
올바른 태도

나는 교토에 있는 정보통신부품과 파인 세라믹을 활용한 제품을 만드는 교세라를 방문한 적이 있다. 교세라 본사 옆 건물에는 창립자 이나모리 가즈오 명예회장 기념관이 있다. 3층에는 이나모리 회장의 사람과 사회에 대한 철학, 태도를 기술해놓았다. 교세라 임직원들은 1년에 한 번씩 교세라 철학을 되새기고 심기일전하는 세미나를 갖는다. 기념관에는 이나모리 회장이 만든 성공방정식이 적혀 있다. 인생이나 업무에서의 성공은 '태도×열정×능력'이란 공식에 따라 결정된다. 중요한 건 이들 3가지 요소가 덧셈이 아니라 곱하기로 이뤄졌다는 점이다. 아무리 열정과 능력이 뛰어나도 태도(가치관)가 잘못됐다면 기업과 사회에 부정적인 영향을 미친다. 만일 다른 사람의 것을 훔치거나 속여서라도 좋은 결과물만 내면 된다는 잘못된 태도를 가졌다면, 그 결과물은 마이너스 100점이 될 수 있고 이는 실패한 인생이란 얘기다. 여기서 태도는 타인에게 피해(메이와쿠)를 주지 말라는 일본인 특유의 공동체 의식도 포함돼 있다. 개인의 특출한 능력이 자신만의 이익을 극대화하는 데 사용됨으로써 공동체 발전에 도움 되지 않는다면 그것은 진정한 성공이라고 말할 수 없다. 빠른 속도보다는 올바른 방향을 지향하고 결과 못지않게 과정도 중시하는 것이다. 이나모리 회장은 직원들에게 일하는 동기를 불러일으키는 철학을 가졌다. 돈으로는 사람을 움직일 수 없고, 사람을 움직이려면 마음속 깊은 곳에서 불타오르는 근원적인 동기를 부여해야 한다고 했다. 이를 위해서는 이윤을 뛰어넘는 숭고한 경영철학과 경영자의 인격이 필요하다고 강조했다.

이나모리 회장은 종업원들과 함께 키운 회사를 자식들에게 물려주는 것에 반대해 65세가 되던 1997년 회장직에서 물러났으며 교세라 이사에서 사임하면서 받은 퇴직금 전액을 대학에 기부했다. 일본 국민은 이나모리 회장을 높게 평가한다. 일본 스미토모생명이 2007년 일본인 2만 6,000명 기업인을 대상으로 '가장 존경하는 기업인이 누구인가'를 묻는 설문조사를 실시했

29

이나모리 가즈오. 일본 기업인으로 교세라, 다이니덴덴(현재 KDDI) 창업주이며, 일본항공의 회장을 역임함

는데, 이나모리 회장은 파나소닉(옛 마쓰시타전기) 창업자 마쓰시타 고노스케, 혼다기술연구소 창업자 혼다 소이치로에 이어 3위에 올랐다. 파나소닉 창업자와 혼다 창업자 모두 회사를 자식들에게 물려주지 않고 경영권을 전문경영인들에게 넘겼다.

이나모리 회장의 투명 경영철학은 교세라 경영 전반에 면면히 흐르고 있다. 교세라는 경영에 관한 거의 모든 수치를 임직원이 공유한다. 모든 임직원이 현금을 기초로 생각하는 것이 몸에 배었다. 각자가 해당 부서의 사무실에서 쓰는 지난달 비용을 공유한다. 이 비용을 제대로 알고 있는 만큼 사무실 전등을 끄는 절전을 자발적으로 실천하고 비용을 줄이기 위해 적극적으로 나선다. 교세라는 절체절명의 위기도 이나모리식으로 극복했다. 1973년 오일쇼크 때문에 주문이 10분의 1로 줄어들면서 창사 이래 최대 위기에 봉착했다. 이나모리 회장은 직원의 고용을 보장하는 대신, 전 직원이 참여해 신제품 개발과 판로 다양화를 함께 고민하자고 독려했다. 리더부터 솔선수범하자며 관리직 임금부터 삭감했다. 평소 투명한 회사 정보 공개로 회사 상황을 잘 아는 직원들은 혼연일체가 되어 필사적으로 위기극복에 나섰다. 이듬해 이나모리 회장은 전년 분까지 포함해 임금을 올려줬으며 특별 상여금까지 제공했다.

이나모리 회장은 단순히 경영자에 머물지 않고 어떤 인생을 살아야 할지, 기업의 역할, 공동체에 대한 책무 등에 대해서 시사점을 제공한다. 교세라는 평범한 사람이라도 올바른 생각과 태도를 갖고 열정적으로 노력하면 비범한 성과를 거둘 수 있다는 것을 실제로 증명해 보였다. 제대로 된 한 명의 최고경영자가 전체 직원들에게 모범을 보였다. 교세라는 이윤을 추구하는 기업을 뛰어넘어 회사의 평판을 높이기 위해 노력하는 품격 있는 조직으로 계속해서 발전해오고 있다.

일반 대중의 뇌리에서 잊힐만하면 불거져 나오는 재벌가 자녀들의 갑질을 보면서 이들에게 주문하고 싶은 것은 먼저 기본적인 인격을 갖추라는 것이다. 재벌가는 회사경영이나 조직 관리법을 가르치기에 앞서서 자신이 속한 공동체의 평범한 사람들은 어떻게 살아가는지, 재벌 3세를 어떤 시각으로 바라보는지부터 깨달아야 한다. 유럽이나 일본 기업체 중 상당수 총수들은 자녀를 다른 회사의 신입사원으로 입사시켜 사회 밑바닥을 익히게 한다. 특히 경영권를 넘겨줄 자녀에게는 더욱 엄격하게 일반 회사 말단 사원으로 들어가게 해서 사회의 가장 낮

31

은 곳을 경험하도록 하며 일반 국민이나 소비자들의 정서를 느끼게 한다.

경북 경주 최부자집이 17세기 초반부터 20세기 중반까지 약 300년간 부를 승계할 수 있던 비결 중 하나가 바로 노블레스 오블리주를 실천했기 때문이다. 나그네와 거지들에게 선행을 베풀고 가문에 시집온 며느리는 3년간 무명옷을 입고 검소함이 몸에 배도록 했다. 이처럼 끊임없이 공동체와 함께 호흡하고 덕을 베풀었기에 최부자집은 배척당하지 않고 부를 이어왔다. 아무리 많은 재산을 축적한 부자나 대기업이라도 소비자와 국민들이 외면하고 불매운동을 벌이면 오래가기는 어렵다.

'인간존중의 경영'을 실천하다 떠난 고 구본무 LG회장의 삶은 우리 사회에 좋은 귀감이 된다. 재벌 3세로 흔히 말하는 금수저를 물고 태어났지만, 말단 직원에게도 존댓말을 쓰고 항상 약속 시간보다 20분 전에 도착하는 등 남을 배려했다. 사회 정의를 위해 자신을 희생한 의인은 상을 받아야 한다고 생각해 'LG 의인상'을 제정해 표창했다. 매장 중심의 장례문화를 바꿔야 한다는 신념을 가진 구 회장은 연명치료를 거부하고 화장 후 수목장을 선택함으로써 마지막까지 '노블레스 오블리주'를 몸소 보여줬다. 구 회장이 떠난 후 수많은 사람들이 그를 기리며 추모했다. 그만큼 그의 인생에 감동받은 사람들이 많았다.

언제 어디서든
'갑질'은 금물

"남의 집 귀한 자식입니다."

서울 시내 음식점 아르바이트생 티셔츠에 새겨진 문구다.

"반말로 주문하시면 반말로 주문받습니다."

일부 커피전문점과 편의점 계산대 앞에 쓰인 문장이다. 갑질하는 고객에 대한 경고이자 직원의 기를 살려주기 위한 점포주의 배려다.

"보람 따위는 됐으니 야근수당이나 주세요."

한 때 일본과 한국에서 동시에 화제가 된 책 제목이다. 종업원의 속내를 솔직하게 그려내 눈길을 끌었다. 특히 이 문구에 공감하는 사람들이 많았다. 왜 그럴까? 그동안은 소비자가 회사를 바라보는 외부 평판만이 강조됐는데, 종업원이 자신의 회사에 대해 매기는 내부 평판이 더 중요하다고 지각하는 분위기가 확산됐기 때문으로 풀이된다. '고객은 왕'이라는 슬로건 아래 과도하게 소비자 중심으로 매장을 운영하면 오히려 부작용이 생긴다. 옳고 그름이나 잘하고 못함의 기준이 오직 소비자라면 소비자에게 불평을 듣거나 비난 받은 직원은 해명 기회도 얻지 못하고 일자리를 잃는 극단적인 상황에 내몰릴 수도 있다.

자신의 회사에 긍정적인 감정을 가진 종업원은 긍정적 감정을 고객에게 전염시킨다. 회사가 종업원을 소중하게 여기지 않으면 종업원 역시 고객을 소중히 여기지 않는다. 따라서 기업이 종업원에게 동기를 부여하는 방식은 달라져야 한다. 기업 내부 평판에 영향을 미치는 승진 기회, 급여, 복지, 업무와 삶의 균형, 기업문화 등을 재점검해야 한다. 직원들의 사기를 꺾고 근로 의욕을 낮추는 낡은 생각이나 제도는 과감하게 버려야 한다. 고객은 더는 왕이 아니며 항상 옳지도 않다. 대접받을 자격이 있는 소비자만 '진짜 고객'이다. 그런 점에서 모 도시락업체 오너가 선언한 '상품(서비스)과 대가(음식값)는 동등한 교환'이라는 공정한 서비스 권리 헌장은 묵직한 울림이 있다.

"우리 직원이 고객에게 무례한 행동을 했다면 직원을 내보내 겠습니다. 그러나 우리 직원에게 무례한 행동을 하시면 고객을 내보내겠습니다."

현대카드는 성희롱, 폭언, 인격모독, 위협성 발언을 하는 고객의 전화는 두 차례 경고한 후에 일방적으로 끊을 수 있도록 했다. 이 제도를 시행한 이후에 상담원들의 이직률이 크게 낮아졌다. 이는 상담원뿐 아니라 전화를 걸어온 사람들의 태도까지 변화시켰다. 상담을 중단하겠다는 경고 발언만으로도 말투를 바꾸는 사람들이 많아졌다. 신용카드 회사에 무례한 말투로 전화를 거는 고객 중에는 본래부터 예의가 없는 사람도 있겠지만 상당수는 자신이 고객이 되는 순간부터 갑질 말투로 돌변한다. 그렇기 때문에 주위에 있는 사람이나 그 말투를 듣는 상대방이 그런 갑질하는 모습을 상기시켜주는 것만으로도 태도를 고치는 경우가 많다.

장유유서 문화가 강하고 상하관계나 권력관계를 따져서 행동하는 한국사회에서는 나이가 많고 사회적 지위가 높아질수록 자신의 행동을 성찰하거나 제3자의 눈으로 자신을 바라보는 기회가 줄어들며 안하무인격으로 행동한다. 이럴 때는 주위에서 갑질 행동을 제지하는 메시지를 과감하게 전달해야 한다. 상당수의 갑질 행동은 이처럼 자신의 행동을 객관적으로 바라볼 수 있도록 살짝 건드려주는 '넛지'와 같은 제스처만으로도 수정된다. 물론 갑질을 원천적으로 봉쇄하기 위한 회사 차원의 시스

35

템적인 제어 장치를 마련하는 방안도 고민해볼 필요가 있다.

평소에 자신의 평판을 관리해야 할 중요한 이유는 평판이 나쁘면 다른 사람들에게서 보복당하기 쉽기 때문이다. 정의감을 느낀 사람은 속인 자를 속이거나 보복하려고 한다. 남을 속인 사람에게 보복을 가하는 행동에 대해선 죄책감을 덜 느끼고 스스로를 합리화하는 성향도 보인다. 부정한 방법으로 이득을 챙긴 사람과는 거래를 끊고 복수하려는 마음도 생긴다. 나중에 보복당하지 않기 위해서라도 평소에 스스로의 평판을 관리하고 남을 배려하려는 의식적인 노력이 필요하다.

눈먼 자아를 일깨워주는
요하리의 창

내가 남을 바라보는 창과 남이 나를 보는 창은 다르다. 이 때문에 다른 사람의 입장에서 자신을 바라보지 못한다. 다른 사람이 자신에 대해 미심쩍어하거나 매 순간 평가한다는 사실을 잊어버리곤 한다. 상대방은 알지만 정작 나는 모르는 내 모습이 있고, 나만 알고 있으며 공개하기 싫은 내 모습이 있다. 조직심리학에서 사용되는 '요하리의 창Johari Window'은 자신에 대해서 객관적으로 살펴보도록 해준다.

요하리의 창은 2개 축을 기준으로 4개 부분으로 나뉜다. X축에는 내가 아는 정도를 표시하고, Y축에는 남이 아는 정도를 표기한다. 1사분면은 '눈먼 자아Blind Self'의 영역이다. 상대방은 알

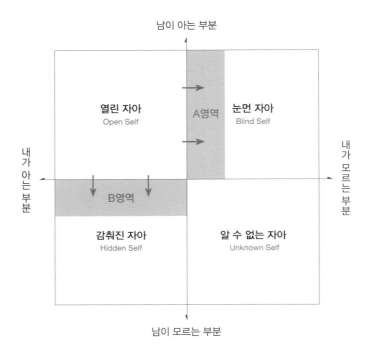

평판관리는 A영역과 B영역을 넓히려는 노력

A영역

· 나는 모르는데 남은 아는 나의
  단점이나 약한 부분

· 남의 의견을 듣고 피드백 받아
  서 개선하는 노력이 필요함

B영역

· 나는 알고 있으나 남은 모르는
  나의 모습

· 남에게 감추고 싶은 나의 단점
  이나 약점인 만큼 스스로 노출
  하고 표현하면서 단점을 보완
  하는 노력이 필요함

지만 정작 나 자신은 모르는 내 모습이다. 2사분면은 '열린 자아 Open Self'의 영역이다. 나와 상대방이 모두 아는 나 자신에 대한 모습이다. 3사분면은 '감춰진 자아 Hidden Self'의 영역으로 나만 알고 있으며 남에게 공개하기 싫은 모습이다. 4분면은 '알 수 없는 자아 Unknown Self'의 영역으로 나도 모르고 남도 모르는 미지의 모습으로 무의식 세계가 여기에 속한다.

직장에서 동료나 상사, 부하 직원 등과 원만하게 지내지 못하는 것은 내가 가진 요하리의 창과 남이 가진 요하리의 창을 잘 모르기 때문이다. 모든 사람은 각자 자신만의 요하리의 창을 갖고 있는데 이를 제대로 이해하지 못하면 서로 오해하기 쉽다. 특히 내가 모르는 상대방의 모습과 남이 모르는 나의 모습에서 오해나 마찰이 일어나기 쉽다. 이럴 때는 이들 2개 영역에 대한 생각을 넓혀야 한다.

첫째, 눈먼 자아를 줄여야 한다. 남들은 알고 있지만 정작 자신은 모르는 내 모습이 없도록 해야 한다. 다른 사람의 피드백을 받아서 가급적 눈먼 자아의 영역을 없애야 남들과의 오해와 갈등을 줄일 수 있다.

둘째, 자신에 대한 정보를 남에게 드러냄으로써 감춰진 자아를 줄이려는 노력도 필요하다. 자신을 적극적으로 표현하고 노출시키면 상대방이 나를 더 잘 이해하고 자연스럽게 오해도 줄어들기 마련이다. 이 같은 자아 노출을 통해 상대방과 더 친밀해지고 신뢰도 깊어질 수 있다.

내가 타인과 적절한 거리를 유지하기 위해서는 눈먼 자아와 감춰진 자아를 파악해야 한다. 평소에 노력을 기울인다면 자신의 약점이 드러날까봐 전전긍긍하는 것도 줄일 수 있고 실제로 약점이 드러났을 때 나타나는 심리적 위축도 감소시킬 수 있다. 이처럼 눈먼 자아와 감춰진 자아의 파악은 큰 갈등 없이 사회생활을 유지하고 자신의 평판을 관리하는 데 필수적이다.

신뢰가 전부다

평판 위기가
닥쳤다

직장에서 개인평판 리스크 관리는 아무리 강조해도 지나치지 않다. 전설적인 투자가 워런 버핏은 "평판이란 쌓는 데 20년 걸리지만, 망가뜨리는 데는 고작 5분이면 충분하다"고 말했다. 평판관리는 풍선 불기나 벚꽃에 비유된다. 풍선은 아무리 공들여 불었더라도 바늘로 한 번 찌르면 '뻥' 하고 파열음을 내면서 터진다. 평판관리는 벚꽃이 피고 지는 것과도 비슷하다. 벚꽃은 활짝 핀 상태에서는 화려하고 멋있지만, 비바람이 한 번 몰아치면 순식간에 꽃이 지며 그때 벚나무 본래의 모습이 드러난다.

평판 위기관리는 일종의 프레임 관리다. 프레임은 어떤 사안을 바라보는 관점이자 세상을 바라보는 마음의 창이다. 세상을

41

특정한 방향으로 보도록 하는 역할을 하는 동시에 우리가 보는 세상을 제한하는 기준틀이 되기도 한다. 따라서 평판 위기관리는 유리한 프레임을 갖도록 하거나 최소한 불리한 프레임에서 벗어나도록 하는 것이다. 사람들은 평판 위기를 겪는 사람을 크게 3가지 프레임으로 바라보는 경향이 있는 만큼 각 프레임별 설정 가능한 목표를 이해하고 대응할 필요가 있다.

첫째, '품성도 좋고 인품도 괜찮은 사람인데 운이 나빴다_{Good Guy in Bad Luck}'는 프레임이다. 이는 개인평판에 위기가 닥쳤을 때 선택 가능한 가장 좋은 위기관리 목표에 해당한다. 즉, 평소에는 그럴 행동을 하거나 처신을 할 사람은 아닌데, 어쩌다보니 딱 한 번 실수를 했거나 어쩔 수 없는 상황이었을 거라고 이해해주는 사람이 많은 경우에 이 프레임을 목표로 삼을 수 있다.

둘째, '운이 나빠서 어려움을 겪은 불쌍한 사람_{Poor Guy in Bad Luck}'이라는 프레임이다. 이는 불운이 닥쳤거나 재수가 없어서 좋지 않은 일을 당했다며 다른 사람들이 이해해주고 일정 부분 동정하거나 가엾게 여기는 프레임이다. 평판 위기를 겪을 때, '불쌍한 사람 프레임'이 잘 먹히려면 평소에 거만하게 굴지 않고 사람들의 마음을 얻어야 한다. 조직 내에서 자신을 좋아하는 사람보다 싫어하는 사람이 더 많다면 사람들이 이 프레임으로 바라보지 않을 것이고 당연히 이 프레임은 잘 먹히지 않게 된다.

셋째, '사람의 평소 품성이나 행실이 좋지 않은데 불운을 당했다Bad Guy in Bad Luck'는 프레임이다. 위기를 당하고 나쁜 일을 겪었을 때, 다름 사람들이 "평소에 보기 싫은 밉상이었는데 이번에 잘 당했다"라고 평가하는 경우다. 이 프레임에 걸린 대표적인 사례가 갑질을 했다고 여론의 뭇매를 맞는 사람들이다. 국민들의 정서나 감정을 악화시킨 말이나 행동을 한 경우도 이 유형에 해당한다. 국민감정법이 적용되는 여론재판에서 가중처벌을 받을 확률이 높은 유형이다. 괘씸죄에 해당돼 잘못을 범한 정도에 비해 훨씬 더 엄한 처벌을 받게 된다. 따라서 세 번째 프레임에 걸리는 일은 최대한 피해야 한다. 평판 위기가 닥치기 전부터 위에서 제시한 3가지 프레임을 염두에 두고 위기관리 목표를 세우고 대비하는 노력이 필요하다.

직장에서는 경비 처리와 관련해 평판이 망가지는 경우도 있다. 회사 법인카드를 개인적 용도로 사용하는 것은 심각한 문제를 야기할 수 있다. 법인카드의 사적 사용이 문제가 돼 퇴사로 연결되는 사례도 주위에서 종종 목격된다.

상당수 직장에서 허용하지 않는 재테크 행위도 있다. 대표적인 가상화폐 비트코인 투자 열풍이 불었던 2018년 초반 직장에서 휴대폰을 통해 비트코인을 사고파는 사람들을 심심찮게 볼 수 있었다. 저금리 시대라서 은행 예금이나 적금으로는 목돈을

43

만들기 어렵기 때문에 가상화폐나 주식 투자 등을 하는 직장인들이 많아진 것이다. 그러나 하루 24시간 거래가 이뤄지고 하루에도 수백 번 가격이 바뀌는 가상화폐는 바쁜 직장에서 거래하기에는 적절치 못하다. 손실을 입지 않거나 더 높은 수익을 얻기 위해 하루에도 수십 번 가상화폐를 사고팔아야 하기 때문에 일이 제대로 손에 잡힐 리가 없다. 만약 직장 상사가 이런 모습을 목격하거나 다른 사람으로부터 소식을 전해 듣는다면 근무 시간에 일은 안 하고 딴생각을 하는 사람이란 인식을 갖게 되고 당사자의 평판은 하락할 것이다.

신뢰가 전부다

직장에서 발생할 수 있는
평판 위기 유형과 파괴력

자신이 다니는 직장이나 동종업계에서 나타나는 평판 위기 유형을 파악해볼 필요가 있다. 위기 유형에 따라 발생할 가능성 (A)과 그 파괴력(B)을 곱하면 위기점수가 산출된다. 평판 위기 발생 가능성인 A값은 1(거의 발생하지 않음)부터 10(발생 가능성 아주 높음)까지 숫자를 매긴다. 위기 발생 시 파괴력이나 영향력의 크기인 B값은 1(거의 영향 없음)부터 10(면직, 형사처분 등)까지 숫자로 매길 수 있다. 종합적인 위기점수는 두 값을 곱한 숫자로 표시한다. 상대적으로 발생 빈도가 높은 위기 유형이 있으며 성추행이나 성폭력처럼 한 번 발생하더라도 파괴력이 매우 큰 위기가 있다. 따라서 자신이 속한 업종의 평판 위기점수표를 미리 작성해본다면 어떤 행동이 더 파괴적인지를 시각적으로 볼 수 있다.

은행원을 예로 들어보자. 임의적으로 각 점수를 매겨본다면 다음과 같다. 은행 검사부나 인사부에서 근무해본 경험자들에 따르면 최근에는 시대가 바뀌고 가치관이 변해서 과거에는 크게 문제가 되지 않던 부분도 자칫하면 은행 이미지에 막대한 타격을 줄 수 있다고 한다. 대표적인 예가 성희롱이나 성적 농담이다. 발생 가능성이 크고 한 번 발생하면 덮을 수도 없어서 치명적이다.

검사부에서 은행 직원들을 감사해보면 종종 개인들끼리 돈을 빌려주고 빌리는 사적 금전대차가 발견된다. 다만 사적 금전대차는 은행 평판이나 브랜드에 미치는 파괴력은 생각보다 크지 않다. 고객자금 유용은 발생 가능성은 매우 작지만 한 번이라도 이 같은 사실이 언론에 보도되면 해당 은행의 평판에는 치명적인 타격을 입힌다. 신용등급이 낮아 은행에서 대출받기 어려운 사람에게 사금융을 소개하고 알선료를 챙기는 행위도 발생 가능성은 작지만 이 같은 일이 있었다는 사실만으로도 은행 이미지에는 타격을 준다. 아래는 임의로 1부터 10까지의 점수를 부여한 사례를 표로 나타낸 것이다. 자신이 속한 업종이나 재직 중인 회사를 상상하고 위기점수를 산정해보고 직장 동료들의 의견을 들어본다면 평소 자신이 간과했던 부분도 발견하

금융권에서 발생 가능한 평판 위기 유형과 파괴력

평판 위기 유형	발생 가능성(A)	파괴력(B)	위기점수(A×B)
품위 훼손(성희롱 등)	5	7	35
사적 금전대차	4	3	12
고객자금 유용	1	10	10
사금융 알선(금품수수)	1	9	9
정치적 활동	2	2	4

※은행원을 가정하고 임의로 위기 발생 가능성과 파괴력을 상상한 사례임

게 될 것이다. 이밖에 평판에 영향을 주는 인성과 성실성, 사생활 관리, 리더십, 내부 관리능력, 업무지식, 노하우 등에 관해서도 발생 가능성과 파괴력을 따져볼 필요가 있다.

평판이 가른
IT 경영자들의 운명

'호리에 다카후미 vs. 미키타니 히로시.'

두 사람은 2000년대 중반부터 일본 IT분야에서 숱한 화제를 불러일으키며 주목받았다. 그러나 둘의 행보는 극명하게 달랐으며 일본사회는 호리에 사장을 배척했지만 미키타니 회장은 받아들였다. 무엇이 두 사람의 운명을 갈랐을까?

먼저 호리에 사장을 살펴보자. 그는 1996년 도쿄대 종교학과 재학시절 창업한 후 사업에만 전념하기 위해 학교를 중퇴했다. 2005년에는 닛폰방송 주식을 대거 매입해 최대주주가 됐으며 일본 최대 민영방송인 후지TV 인수전에 뛰어들면서 화제의 인물로 떠올랐다. 호리에 사장은 인기 애니메이션 캐릭터인 도

호리에 다카후미. 인터넷 기반 기업 라이브도어 창업자

라에몽을 연상시키는 둥글둥글한 체형과 인상으로 '호리에몽
(호리에+도라에몽)'이란 별칭으로 불렸다. 2005년 비록 낙선했지
만 국회의원 선거에 출마해 여당의 중진의원인 카메이 의원 지
역구에 도전하는 모습도 보여줬다. 그는 일본사회의 통념과 가
치체계, 위계질서를 뒤흔든 행보와 파격을 이어갔다. 반팔 티셔
츠 차림으로 TV에 등장하거나 《돈을 버는 것이 이기는 것이다》
라는 도발적인 제목의 책을 썼다. 이 때문에 황금만능주의를 부
추긴 부도덕한 사람이란 비난을 받았다. 공동체와의 조화를 중
시하는 일본사회에 큰 파문을 일으켰고 기득권 세력들은 그를

혼내줘야 한다고 생각했다. 미운털이 박힌 호리에 사장은 결국 2006년 분식회계 등 증권거래법 위반 혐의로 도쿄지검 특수부의 조사를 받았으며 2011년 4월 징역 2년 6개월 실형을 선고받고 복역했다. 1년 9개월간 복역 후 2013년 3월 가석방됐다. 호리에 사장은 2013년에 책 《제로ZERO》에서 당시의 심경을 솔직하게 토로했다.

"지금까지 나는 온 힘을 다해 버티며 살아왔다. 약한 모습을 보이면 지는 것이라 생각해 많은 적을 만들어왔다. 스스로도 잘 알고 있다. 분명 현명하지 못한 삶의 태도라는 것을…나는 체포됐고 모든 것을 잃었다."

이는 본인의 현명하지 못한 태도와 처세 때문에 실패를 맛보았다는 솔직한 고백이다. 한마디로 평판관리에 실패한 것이다. 사실, 호리에 사장은 학창시절부터 다른 사람의 기분이나 입장은 개의치 않는 성격이었다. 도쿄대 기숙사 시절에는 선배와 말다툼을 벌였다. 그 선배는 "너는 왜 다른 사람의 기분은 모르느냐"고 화를 내며 호통쳤다. 그러자 호리에는 "제가 그걸 어떻게 알아요"라고 대꾸했다.

호리에 사장은 평판관리 핵심인 '남이 나를 어떻게 생각하는지, 나는 어떤 모습으로 남에게 비춰지길 원하는지'에 대한 고민이 부족했다. 사람들과 우호적인 관계를 맺고 지속적으로 좋

신뢰가 전부다

은 관계를 유지하는 일에는 젬병이었다. 결혼해서 낳은 외아들도 배우자가 키우기로 하고 이혼했다. 현재 호리에 사장은 민간 차원에서 로켓을 개발하는 SNS 주식회사 창업자로 활동 중이며 저술 작업에도 열중하고 있다.

미키타니 히로시. 일본 최대 온라인 쇼핑몰 '라쿠텐' 창업자

반면, 호리에 사장에 비해 일곱 살 많은 1965년생으로 일본 최대 인터넷기업 라쿠텐Rakuten의 미키타니 히로시 회장이 걸어온 인생은 전혀 다르다. 국립대인 히토츠바시대학 졸업 후 니혼코교 은행(현재 미즈호 파이낸셜 그룹)에 입사했으며 1993년 회사 내 연수로 미국 하버드대에서 MBA 학위를 취득한 뒤 니혼코교 은행을 퇴사했다. 1996년 크림존 그룹 설립을 시작으로, 이듬해 2월에는 주식회사 MDM(현재 라쿠텐 주식회사)을 세워 대표이사 사장직에 취임했다. 인터넷 쇼핑몰인 '라쿠텐 시장'을 오픈해 일본 IT업계에 새바람을 불러일으킨 그는 2000년 일본 증권시장인 자스닥에도 상장했다. 라쿠텐은 현재 미국, 영국, 프랑스 등 28개국에 진출해 전 세계에서 인터넷으로 쉽게 일본 상품을 구매할 수 있는 길을 열었다. 일본 경제 혁신의 아이콘인 그는 IT 산업 관련 기업이 참여하는 경제단체 신경제

연맹을 이끌며 일본 경제 정책 변화에도 적극적으로 혁신안을 제안하고 있다. 테니스 등 스포츠와 문화예술에도 관심이 있어 2004년에는 도호쿠 라쿠텐 골든 이글스 야구단을 창단했으며, 도쿄필하모닉오케스트라 이사장을 맡고 있다.

라쿠텐의 가장 큰 성공 비결은 인터넷 혁명으로 시작된 디지털 물결을 잘 활용했다는 점이다. 일본 재계의 낡고 거추장스런 관습을 버리고 항상 변화와 혁신을 추구한 태도가 성공을 낳았다는 평가도 많다. 그는 일본 토종기업인 라쿠텐의 공용어를 영어로 바꾸는 '잉글리시나이제이션Englishnization'을 실시했다. 사내 이메일과 문서, 회사식당 메뉴판 등을 전부 영어로 바꿨다. 심지어 회의 참석자가 전부 일본인이어도 영어로 진행하게 하는 등 영어 공용화를 밀어붙였다. 국제화 시대에 영어는 생존의 필수도구라고 생각했기 때문에 일부 일본사회의 곱지 않은 시선에도 아랑곳하지 않고 이를 관철시켰다.

그가 은행을 그만두고 사업을 시작한 것은 1995년이다. 당시 그의 고향 고베에서 발생한 한신 대지진으로 친구들과 숙부, 숙모가 한꺼번에 세상을 뜨자 한 번뿐인 인생을 보장된 삶에 만족하지 않고 과감한 도전에 나섰다. 그는 "인생에서 가장 큰 리스크는 돈과 지위를 잃어버리는 게 아니라 후회할 인생을 사는 것"이라며 창업에 나섰다.

일본 IT업계 두 CEO의 대조적인 행보

호리에 다카후미	비교항목	미키타니 히로시
• 부모는 별거 • 부모와 관계 나쁨	부모와 관계	• 대학교수인 아버지와 일본 경제에 대한 대담집을 펴낼 정도로 돈독함
• 도쿄대 종교학과 중퇴	출신학교	• 히토츠바시 상학부 졸업. 하버드대 MBA
• 대학 재학시절 IT기업 설립해 상장 • 2005년 최대 민영방송 후지TV 적대적 인수전에 참여해 비난 받음	사업 내용	• 은행 퇴사 후 인터넷 쇼핑몰(라쿠텐) 설립해 상장시키고 거대 기업군으로 육성
• 기존 질서 타파에 앞장 • 황금만능주의 부추기며 성과 중심이란 이미지	평판	• 변화와 혁신의 아이콘 • 자신의 혁신적 생각과 보수적 일본사회의 조화를 꾀함
• 국회의원 선거에서 패배 • 증권거래법 위반으로 2년 6개월 징역형 • 현재는 집필과 벤처사업가로 활동	행보	• 경제 혁신의 아이콘으로 자리매김 • IT기업들의 경제단체를 이끌며 경제 정책 개선 위해 노력

호리에몬에 비해 미키타니 회장의 가장 큰 차이점은 자신이 속한 공동체와의 소통방식과 태도다. 미키타니 회장은 자신의 혁신적인 생각을 일본이라는 보수적인 사회에서 받아들일 수

있도록 공유의 폭을 넓혔다. 일본사회는 전형적인 동양사회인 만큼 '공동체=연못'이고 '개인=물고기'에 비유된다. 아무리 연못이 싫더라도 연못을 떠나서는 물고기가 살 수 없다. 연못에는 암묵적으로 통용되는 질서나 관습이 있다. 그런데 이를 무시하고 이곳저곳 무례하게 공격하며 자신의 이익만을 추구한다는 인상을 주는 호리에 사장에 대해서 기성세대들은 불편하게 생각했다. 파격적인 행보를 보이면서 보수적이고 기득권에 안주하는 계층에게 거침없는 하이킥을 날리면서 상당수 젊은이들의 환호를 받았던 호리에 사장의 몰락에는 제대로 평판관리를 하지 못한 측면이 크다. 물론 일각에서는 일본사회에서 '괘씸죄'에 걸리고 미운털이 박혀서 본인의 잘못 이상의 처벌을 받았다며 호리에 사장을 동정하는 목소리도 있다.

갈등관리
어떻게 해야 하나?

팀 스커더는 《까칠한 존이 회사에서 잘 나가는 법》이란 책에서 갈등관리의 중요성을 역설했다. 사람들은 자신들의 생각에 옳거나 유익하다고 생각되는 행동을 하는 만큼 갈등을 완전히 배제할 수는 없지만 관리할 수는 있다. 더 심각한 갈등의 단계로 접어드는 것을 최소화할 수는 있다는 이야기다. 갈등을 예방하는 방법은 그 사람의 동기나 가치체계를 이해하고 그 사람의 의사소통 방식으로 메시지를 전달하는 것이다. 사람마다 동기나 가치 인식체계가 다르다. 따라서 상대방이 상황을 어떻게 바라보는지를 따져볼 필요가 있다. 나와 다른 사람이 상황을 보는 각도가 다르고 해결방법이나 관점이 다를 때 갈등이 증폭될 수 있기 때문이다. 다른 사람의 가치체계를 파악하면 그 사람에게서 무엇이 갈등을 유발하는지 예측해 부딪히지 않도록 미리 준비할 수 있다. 만약 불가피하게 상대방과 부딪혀야 할 상황이라면 갈등 유발 가능성이 상대적으로 작은 행동부터 택해야 한다.

갈등을 예상하거나 관리하기 위해서는 상대방을 만나거나 상대방의 친구 등을 통해 진심이 담긴 적절한 질문을 던지고 이견이 발생할 가능성이 있는 사안을 줄여나가는 것이 필요하다. 사람들 사이의 감정적인 대립이 악화되면 갈등이 커질 수 있다. 잘 아는 사람을 싫어하기는 어렵다. 주위에 있는 친한 친구를 떠올려보면 이해하기 쉽다. 따라서 서로가 상대방에 대해 좋은 느낌을 갖도록 배려하고 인간관계를 돈독히 하려는 노력이 선행돼야 한다.

로버트 볼튼은《어떻게 말할까People Skills》에서 갈등을 3가지 종류로 분류했다. 첫째는 감정적 갈등이다. 인간은 신이 아니라서 중요한 사람들끼리도 대립하는 마음이 생겨날 수 있다. 다른 사람의 마음과 입장을 헤아리는 능력을 마음이론Theory of mind이라 부른다. 미국 워싱턴대학 존 고트먼 교수가 결혼을 앞둔 연인들이 나눈 3분간의 대화를 분석했다. 그 결과, 3분간의 대화만으로도 결혼 후 해당 커플이 4년 안에 헤어질 확률을 94% 정확도로 예측해냈다. 이혼에 이르는 가장 결정적인 부정적 감정표현

신뢰가 전부다

인 '경멸과 냉소'의 분위기가 감지됐는지를 따진 것이다. 둘째는 가치관의 차이로 인한 갈등이다. 이 경우에도 갈등해소법은 생각이 다른 상대방을 더 잘 이해하고 상대방의 입장을 더 많이 용인할 수 있도록 서로 도와주는 것이다. 셋째는 요구사항에 관한 갈등이 있다.

많은 사람들은 갈등을 회피하거나 외면한다. 갈등상황에서도 아무 일이 없었다는 듯이 얼버무리거나 적당히 넘어가려고 한다. 겉으로만 평온하다는 가면을 쓰고 결혼생활을 유지하는 부부들이 여기에 해당한다. 그러나 회피는 분노나 상처 등을 해결하지 않은 채 문제를 덮어두려는 시도에 불과하다. 일부에서는 갈등을 부정해버린다. 갈등상황이 드러나거나 증폭되는 것을 두려워한 나머지 갈등 자체를 의식 밖으로 쫓아버리고 부정한다. 모든 일이 문제없이 잘 되어가고 있는 것처럼 위장한다.

생산적인 갈등해결법 중 하나는 상대편과 접촉해 타협하거나 협의하는 방법이다. 당사자들 사이의 요구조건과 걱정거리를 고려해 타협을 통해 견해 차이를 조절한다. 일각에서는 타협이 당사자들의 요구조건을 완벽하게 충족시키지 못하기 때문에 '양쪽 모두 조금씩 지는 게임'이라고 말하지만 사실은 그렇지 않다. 극심한 대립을 피하고 극단으로 치닫는 관계에 브레이크를 거는 유효한 방법이라고 본다. 물론 갈등을 겪고 있는 양측이 머리를 맞대고 문제 해결 방안을 찾는 방법이 가장 좋기는 하다. 패배자가 없고 아무도 포기하거나 양보하지 않아도 되기 때문이다. 그러나 문제는 대립과 갈등을 겪고 있는 양자를 한 협상테이블에 앉히기 어렵다는 점이다. 이론적으로 얼마든지 가능하지만 인간은 감정을 가진 동물인 만큼 극심한 갈등을 겪는 주체들을 한 자리에 불러 모으기에는 현실적인 한계가 있다. 그런 점에서 양측이 조금씩 양보를 하는 방식은 차선책이 될 수 있다.

정주진 평화갈등연구소장은 《갈등은 기회다》에서 우리나라에서는 갈등을 일으킨 사람을 고운 시선으로 보지 않는다고 진단했다. 이유가 어찌 됐건 원만한 관계를 유지하지 못해 일을 키운 것도, 문제가 생겼을 때 지혜롭게 대응하지 못한 것도 결국 잘못이라고 생각하기 때문이다. 개인 간 갈등 때문에 집단이나 공동체 내부가 시끄러워지면 비난이 터져 나온다. 집단이나 공동체의 분위기를 위해 갈등을 빨리 끝내도록 압력이 가해지기도 한다. 그래서 되도록 갈등을 키우지 않으려고 조심하고 누군가와 갈등을 겪고 있다는 사실 자체를 부인하기도 한다. 최대한 주변의 비난을 피하고 체면을 지키기 위해서다.

예를 들어 같은 직장 동료인 A와 B는 30대 초반인데 갈등을 겪고 있다. A는 B의 잦은 지각이 갈등의 원인이라고 생각한다.

상사로부터 동료 때문에 함께 꾸지람을 들었고 B가 지각할 때마다 관련 파일을 찾느라 애를 먹었다. 그러나 B의 생각은 다르다. 지각은 순전히 자신의 일인데 A가 동료랍시고 참견할 때마다 기분이 상했다. 두 사람은 갈등이 회사 업무와 분위기에 미칠 영향을 생각해서 가급적 회사 안에서는 부딪히지 않으려고 애쓴다. B의 지각 버릇이 마음에 안 들지만 A는 동료관계를 그대로 유지하고, B도 회사 밖에서만 A를 욕한다. 두 사람 모두 공식적 비난을 피하고 체면을 지키길 원한다. 회사 내에서 자신들의 위치를 유지하기 위해서다. 그러나 문제를 회피한다고 해서 문제가 사라지는 것은 아니다. 만약 두 사람이 계속해서 같은 부서에서 일해야 한다면 어떤 식으로든 허심탄회하게 속마음을 털어놓아야 한다. 동료의 잘못된 행동으로 인해 입은 마음의 상처가 적절한 타이밍에 상대에게 전달되지 않으면 더 큰 오해가 된다. 비방 정보를 퍼뜨리거나 상대에 대한 흑색선전으로 이어져 자칫하면 마찰이 더 커질 수도 있다.

이 사례가 보여주듯이 직장에서는 다양한 양상의 갈등이 발생한다. 갈등 해결을 위한 첫 걸음은 갈등을 면밀하게 분석하는 일이다. 갈등 당사자를 포함해 갈등 전체 모습을 파악해야 한다. 갈등이 야기된 문제를 놓고 서로의 입장차이, 이해관계와 욕구를 순서대로 하나씩 따져봐야 한다. 갈등 당사자들의 의견과 주장이 대립할 경우에는 의견이나 주장에만 주목해서는 안 된다. 이럴 경우 오히려 갈등이 증폭되고 악화되어 회복하기 어려운 상황으로 번진다. 갈등 해결의 실마리는 양측 간 신뢰 회복에 있다. 대화를 통해 갈등을 해결하려면 다음과 같은 5가지 과정을 생각해볼 수 있다.

첫째, 우선 흥분을 가라앉혀야 한다. 흥분이 가라앉아야만 생산적인 대화가 가능해져 서로 접점을 찾을 수 있고 발전적인 결과를 만들 수 있다. 둘째, 신뢰 구축이다. 상대방에게 관심을 갖고 상대방이 내가 하는 말을 들어주고 믿어주려는 신뢰를 구축해야 한다. 셋째, 서로에게 마음을 터놓는 솔직한 대화가 필요하다. 넷째, 갈등상황을 놓고 서로가 공개적인 커뮤니케이션을 하려는 노력이 필요하다. 이는 서로의 입장에서 접점을 찾고 섭섭하지 않을 수준으로 타협하기 위해서다. 다섯째, 갈등 당사자가 합의할 해결책에 대해 어느 정도 안전장치를 마련할 필요도 있다. 상대방이 자신의 믿음을 악용하거나 선한 마음을 오히려 역이용하지 않도록 하기 위해서다. 이를 위해 양측을 잘 아는 제3자를 중재자로 세우는 것도 하나의 방법이다. 중재자가 전체적인 상황을 파악하고 조율한다면 한 쪽의 선한 마음이나 신뢰가 악용되는 것은 막을 수 있다.

PART

2

미투 열풍과
평판

It takes many good deeds to build a good
reputation, and only one bad one to lose it.

좋은 평판을 얻으려면 수많은 선행을 해야 하지만
그것을 잃기엔 한 번의 잘못이면 된다.

• 벤자민 프랭클린

미투 운동이
불러온 바람

한국사회 각계각층에서 터져 나온 미투 선언이 사회의 패러다임 자체를 바꿔놓았다. 특히 2018년 3월에 터져 나온 유력 차기 대선후보의 여비서 성폭행 사건은 한국사회에 큰 충격을 던져줬다. 미투 운동이 사회 변화 운동으로까지 발전하는 양상을 보였다. 성추행이나 성폭력의 문제를 넘어서서 남성 위주의 권위적인 사회구조에 큰 경고음을 울리면서 변화를 촉구한 것이다. 대부분의 미투 피해자는 우리 사회나 조직에서 약자에 속한 사람들이었으며 미투 가해자는 해당 분야의 거물이나 조직의 고위직에 있던 사람들이었다. 이는 법조계를 비롯해 문화계, 예술계, 학계, 정치계, 언론계 등 어느 곳에서나 공통적인 현상이었다. 성희롱이나 성추행, 성폭행 등 성과 관련된 비위사실은 무관용 원칙이 적용되는 만큼 단 한 번의 잘못이라도 퇴사는 물론이고 형사처분까지 각오해야 한다. 말 그대로 '원 스트라이크 아웃'이다. 따라서 미투 가해자로 밝혀져 망가진 평판을 원래대로 복원시킨다는 것은 매우 어렵다. 범죄를 저지른 사람은 주홍글씨가 새겨지고 처벌받으며 피해자는 정신적 피해까지 입게 된다.

미투를 촉발한 성추행이나 성폭행에는 여러 요인이 복합적으로 작용한 경우가 많지만 가장 중요한 요인은 지배행동dominant behavior이다. 우월적인 힘을 활용해 이성인 상대방을 지배하려는 행동이 여기에 해당된다. 조직에는 필연적으로 누군가는 힘을 더 많이 갖게 되고 누군가는 덜 갖게 된다. 이러한 힘의 불균형이나 서열이 약자에 대한 성적인 괴롭힘으로 나타날 수 있다. 미투 폭로의 공통된 특징은 가해자와 피해자의 주장이 사뭇 다르다는 점이다. 가해자로 지목된 사람은 서로 합의해서 이뤄진 관계라고 주장한다. 서로 좋은 감정을 갖고 사랑했기 때문에 관계를 맺었다고 주장하는 가해자도 있다. 그러나 피해자는 합의가 아닌 일방적인 요구에 의한 성관계라고 맞선다.

왜 사회적으로 성공했다고 평가받는 중년 남성들이 자기절제를 못하고 성적 일탈에 빠지게 될까? 심리학에서는 '아틀라스

신뢰가 전부다

증후군Atlas syndrome'으로 설명한다. 보다 정확하게는 '아틀라스 증후군을 겪는 남성들이 자신이 받은 스트레스나 희생에 대한 보상을 받으려는 심리'가 작용한 것이다. 이는 그리스신화에서 제우스의 분노를 사서 어깨로 하늘을 떠받치는 형벌을 받는 아틀라스Atlas처럼 혼자서 모든 짐을 져야 한다는 심한 중압감을 느끼는 증상이다. 직장이나 가정에서 유능하고 헌신적인 남자가 돼야 한다는 심한 중압감을 느끼는 남성 가운데 이 증후군을 겪는 사람이 많다. 아이들과 아내에게 완벽한 아빠가 돼야 한다는 압박감 때문에 지나친 불안감, 침울함, 피로에 시달리는 남성들도 생겨난다. 아틀라스 증후군에 시달린 중년 남성이 자신이 책임지지 않아도 되는 여성에게 스트레스나 압박감을 풀려고 하면 미투를 비롯한 성적인 일탈이 발생할 가능성이 커진다.

성공한 남성들 가운데는 자신의 노력이나 성공에 대한 보상을 받으려는 심리가 작동하면서 자신의 성적 일탈에 대해서 관대해지는 경우도 있다. 특히 CEO나 대표이사처럼 한 조직의 가장 위에 있는 사람은 자신이 지시한 대로 조직이 움직이는 만큼 타인과 공감능력이 떨어지고 자기중심적으로 변하는 경우가 종종 발견된다. 과도한 성취욕구가 보다 자극적이고 새로운 것을 추구하는 방향으로 향하게 되고, 이것이 성적인 일탈이나 불륜으로 치닫게 된다. 특히 충동적인 성향이 강한 남성은 성적 매력을 느끼는 여성에 대해 마치 충동구매를 하는 것과 비슷한 행동 양상을 보이는 경우도 있다.

그렇다면 상대적으로 남성 중심의 가부장적 문화가 강한 동양이 아니라 미국 등 서구사회는 어떤가? 미국 대학가에서 통용되는 '합의된 성관계'의 구체적 지침은 인디애나대학 곳곳에 부착된 포스터를 통해 엿볼 수 있다. 성관계에 동의한다는 것은 두 사람이 자발적으로 성적인 행위를 한다는 말이나 행동으로 표현된 합의를 일컫는다. 힘이나 위협, 겁박에 의해 강제할 수 없으며 동의는 언제든 철회될 수 있다. 동의를 받지 않았거나 동의를 받았다는 확신이 없다면 성적인 행위를 멈춰야 하고 멈추지 않을 경우 성폭력이다. 한 사람이 상대방의 동의 없이 상대방의 신체부위(성기, 가슴, 엉덩이 등)를 만지거나 성적흥분이나 만족을 위해 자신의 몸 일부를 상대방에게 접촉시키는 것도 성폭력에 해당된다. 아울러 술에 취했다면 상대방의 판단이 정상적으로 작동했다고 볼 수 없으므로 설령 상대방이 'Yes'라고 말해도 동의로 인정되지 않는다. 교수와 학생 사이에는 성적 접촉을 포함해 어떠한 사적인 관계도 인정되지 않는다.

스웨덴 등 유럽 국가는 적극적인 동의 없는 성관계를 불법으로 규정하는 '비동의 간음'을 법제화 했다. 상대방이 분명하게 찬성했을 때만이 적법한 성관계라는 의미에서 'Yes means Yes'

라고도 한다. 그동안 한국 법정에서는 성관계에 관해서는 소극적인 거절이나 별다른 의사를 표시하지 않는 경우에는 '동의'라고 여긴 판결이 많았다. 그러나 미투 열풍을 거치면서 사회적인 인식이 변했으며 앞으로는 유럽이나 캐나다처럼 적극적인 '예스'라는 의사표시가 있을 때만이 동의했다고 판단할 가능성이 매우 커졌다.

물론 사람들은 미투뿐 아니라 다양한 일 때문에 마음속에 상처를 입는다. 상당수의 사건은 타인과 적절한 거리를 유지하지 못했기 때문에 생긴다. 인간관계에는 여러 유형이 있다. 남의 상황을 아랑곳하지 않고 자신만을 생각하는 이기주의부터 상대방을 배려하고 존중하는 유형, 다른 사람만을 위하는 이타주의나 과잉친절까지 다양하다. 이 가운데 비교적 남에게 상처 주지 않고, 자신도 상처를 덜 받는 유형은 '적절한 거리 유지형'이다. 어느 조직에서나 타인과 적절한 물리적, 심리적 거리를 유지하지 못해서 크고 작은 문제를 일으키는 사람이 있기 마련이다.

직장에서 적절한 신체적, 물리적 거리를 유지하지 않고 접근하는 선후배들은 부담스럽다. 예를 들어 친근함을 표시한다면서 어깨를 주무르거나 손이나 팔을 툭툭 치는 사람, 상대방의 몸을 엿보거나 허락받지 않고 상대방의 사진을 찍거나 SNS에

67

올리는 행위가 여기에 해당한다. 남에게 동의를 구하지 않고 상대방의 휴대폰을 들여다보거나 물건을 만지는 것도 마찬가지다. 상대방의 사생활에 대해 꼬치꼬치 캐묻거나 무작정 찾아오거나 계속 따라다니는 것도 정서적 거리를 침해하는 불쾌한 행위다.

CEO 성 스캔들
파괴력

2017년 6월 모 프랜차이즈 치킨에 대한 불매운동이 벌어졌다. 이 회사 창업주인 모 회장이 여비서를 성추행한 장면이 CCTV에 찍혔으며, 여비서의 신고로 모 회장은 경찰에서 조사를 받았다. 매출이 반 토막 난 가맹점주들은 본사를 찾아가 불만을 제기했다. 회장이 사임했지만 파문은 쉽사리 가라앉지 않았다. 특히 가맹본부 회장의 이름을 그대로 회사 이름에 적시한 브랜드라 소비자들의 뇌리에 회사 이름과 회장의 일탈행위가 직접 연결되면서 부정적 영향이 더 컸다.

미국의 차량 공유기업인 우버Uber도 성 스캔들로 곤욕을 치렀다. 모바일에서 수십만 명이 '우버 앱을 지우자'는 운동에 동참

69

"찍히면 패가망신"… 남성들, 손조심·입조심 '셀프단속'

회식 안잡고 점심은 여럿이
가장 엄격한 기준 스스로 적용
초중고·언론단체도 미투 확산
제자 성추행 의혹받던
전북지역 교수 자살시도
전문가 "단순 폭로전은 위험
양성평등 교육도 병행돼야"

서지현 검사의 폭로로 시작된 한국의 '미투(#Me too)' 운동이 문화·예술·학계 등 사회 전반으로 확산되고 있는 가운데 제자를 성추행했다는 의혹을 받던 전북지역 한 대학교수가 극단적 선택을 시도하는 사건이 발생했다. 성희롱과 성추행·성폭행 등 주로 남성 유력인사의 과거 성범죄 사실을 폭로하는 미투가 성역 없이 걷잡을 수 없는 속도로 확산하면서 '스스로 알아서 조심하자'는 남성 가능세력 일반인도 늘어나고 있다.

경찰에 따르면 전라북도 한 사립대학교 교수 A씨(62)는 지난 2일 오후 4시 30분께 자택에서 스스로 목을 맸으나 가족에 의해 발견돼 생명에는 지장이 없는 상태다.

성추행 파문을 일으킨 한국연극계 이윤택 씨가 지난 19일 기자회견에서 취재진의 질문을 받고 있다. [연합뉴스]

...

2018년 3월 5일 〈매일경제〉 A2
사회 전반 강타한 미투 운동

하자 우버의 공동창업자인 트래비스 캘러닉 CEO가 책임을 지고 2017년 여름 사임했다. 사건의 발단은 우버 전 직원인 수전 파울러가 자신의 블로그에 회사 상사에게서 성희롱을 당했다고 폭로하면서부터다. 또한 캘러닉의 전 여자친구는 당시 모 언론과의 인터뷰에서 캘러닉이 3년 전 회사 임원들과 서울에서 룸살롱에 갔다고 털어났다. 당시 동행했던 여성 마케팅 매니저가 불쾌함을 토로하면서 사태가 걷잡을 수 없이 커졌다. 주요

"유명인은 폭로라도 하지"…'미투 사각지대' 직장인 피해자 냉가슴

"폭로 해봐야 나만 힘들어"
공기업 국장 성추행 못미쳐
끙끙 포기하다 연이어 휴직도

"부장님 옆에 안앉고 뭐해"
갑질문화 방조하는 왕언니

"이것도 미투에 해당하나?"
눈치 보느라 벙긋 못하는 상사들

**블라인드' 앱에 미투 게시된
성폭력 고발만 올라오면
"경찰서 가지 여기에 왜"
비난·조롱 댓글 이어져**

2018년 3월 6일 〈매일경제〉 A4
미투 운동 사각지대

투자자들은 캘러닉의 사퇴를 요구했고 결국 그는 사임해야 했다. 이처럼 창업주의 개인 브랜드나 캐릭터가 그 회사의 이미지를 좌우하는 만큼 오너의 일탈은 회사 종업원, 고객에게 미치는 영향이 다른 사람에 비해 훨씬 크다. 특히 성과 관련된 일탈행동은 단 한 번만으로도 가해자는 퇴출된다. 미국에서는 성매매

71

를 비롯해 아동 포르노를 보거나 저장만 해도 처벌받을 정도로 철저하다.

그렇다면 창업주들의 성추행이 왜 자주 발생할까? 미국 컬럼비아대학 심리학 교수인 토리 히긴스가 제시한 조절초점regulatory focus 이론으로 이 현상을 설명할 수 있다. 사람들은 만족 추구나 고통 회피를 위해 스스로를 2가지 접근 방법으로 조절한다는 게 조절초점 이론이다. 목표를 추구할 때는 최대한 긍정적 결과를 기대해 성취 초점을 가동하고, 손실이나 부정적 결과를 피하려고 할 때는 예방 초점을 활용해 동기를 조절한다는 설명이다. 창업 신화를 일궈낸 창업주들 중에는 성공을 위한 성취 지향 유형이 많아 예방적인 위험 관리를 등한시하는 사람들이 있다. 이들은 예방 초점이 제대로 작동하지 않아 일탈행위를 할 가능성이 크다. 문제는 창업주의 성추행 등 스캔들이 터지면 회사 이미지가 치명상을 입게 되고 경우에 따라서는 제품이나 서비스 불매운동으로 이어진다. 따라서 오너는 언론에 많이 노출되는 연예인들처럼 자신의 개인 이미지를 관리해야 한다. 특히 SNS가 발달한 지금은 성추문이 실시간으로 전파되고 확산된다. 도처에 깔려 있는 CCTV는 확실한 물증을 제공한다. 그런 만큼 자신의 언행이 회사 이미지와 기업 평판에 미치는 영향이 크다는 점을 늘 의식하고 행동해야 한다.

성 스캔들을 방지하는 10계명

〈매일경제〉는 한국양성평등교육진흥원 홈페이지에 있는 교육 자료를 토대로 직위를 이용한 직장 내 성희롱 피해를 예방하고, 2차 피해를 막기 위한 10계명을 보도했다. 가해자와 피해자는 물론이고 관리자를 포함한 범조직적 차원에서 주의해야 할 사항을 선별했다.

우선 잠재적 가해자가 되지 않기 위해서는 4가지 계명에 유의해야 한다. 첫째, 성희롱 여부는 행위자의 동기와 상관없이 피해자 관점을 기초로 판단된다. 성희롱 행위자로 지목되면 '성적인 의도나 성희롱 의도가 없었다'고 항변하지만 이는 전혀 고려되지 않는다는 점을 명심해야 한다.

성 스캔들 방지 프로세스

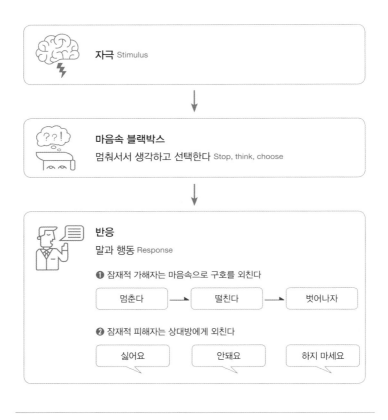

둘째, 상대방이 불쾌감이나 거부 의사를 표현했을 때는 해당 행위를 즉각 중단하고 상대방 감정을 존중해 사과하는 노력을 기울여야 한다.

신뢰가 전부다

셋째, 자신의 지위를 이용해 사적 만남이나 사적인 업무 등을 지시하거나 강요해서는 안 된다. 직장 내 후배나 부하를 인간적으로 대등하게 여기고 수평적인 커뮤니케이션을 해야 한다.

넷째, 다른 직원이 성희롱할 경우에 동조하지 않고 이의를 제기하는 태도를 가져야 한다.

잠재적 피해자가 되지 않기 위해서도 4가지 계명에 유의해야 한다. 첫째, 성희롱이나 성추행 행위가 이뤄지는 초기부터 거부 의사를 명확하게 표시해야 한다. 만약 가해자가 이를 문제 삼을 경우 회사의 인사부서나 관련 담당자에게 내용을 진술해야 한다.

둘째, 사건에 대한 객관적 사실을 육하원칙에 따라 기록하고 문자, 이메일, 통화 내용, 목격자 등 관련 자료를 확보한다.

셋째, 성희롱은 전적으로 가해자의 잘못이지 피해자의 탓이 아니라고 스스로 인식해야 한다.

넷째, 해결 절차가 진행되는 동안에는 가해자와 접촉하지 않도록 업무공간과 근무시간 등의 변동을 요청해야 한다.

관리자는 직장 내에서 스캔들이 발생하지 않도록 2가지 계명에 유의해야 한다. 우선, 성희롱 가해자에 대한 무관용 원칙을 조직구성원들에게 천명하고 2차 피해 여부를 모니터링 해야 한다.

아울러 성희롱 사건을 인지하는 즉시 피해자와 행위자를 분리하고 화해를 주선하거나 권유해서는 안 된다. 기관장과 관리자는 성희롱 여부와 상관없이 부적절한 행동으로 구성원에게 불쾌감을 주는 행위자는 잠재적 가해자가 될 수 있는 만큼 지속적으로 모니터링 해야 한다.

미투 운동 이후
평판관리법

　이성과 관련한 개인 평판관리는 미투 운동 이전과 미투 운동 이후로 나뉜다. 미투 운동 이전에는 크게 문제가 되지 않거나 그냥 넘어간 사례도 미투 운동 이후에는 문제가 될 수 있다. 평판은 스스로에 대해 생각하는 자아인식인 정체성Identity과 남들이 나에 대해 생각하는 이미지Image, 내가 지향하는 희망정체성 Desired Identity으로 나뉜다. 미투 운동 이후에는 이성과 관련해서는 남들이 나에 대해 인식하고 평가하는 이미지의 기준이 상당히 엄격해졌다. 그렇다면 미투 운동 이후에는 개인 평판관리법이 어떻게 달라져야 할까?

　첫째, 본인 스스로를 바라보고 평가하는 자신의 정체성에 대한 기준도 더욱 엄격하게 바뀌어야 한다. 둘째, 자신의 말이나 행동에 대한 남들의 평가에 민감해야 한다. 남들이 자신의 언행에 대해 어떻게 해석하고 평가하는지를 주기적으로 점검해야 한다. 그 결과, 사람들에게 상처 주는 말이나 행동을 한다면 단기적, 중장기적인 대책을 세워야 한다. 셋째, 희망정체성을 주기적으로 점검하고, 그 수준을 꾸준히 높이도록 노력해야 한다.

가장 손쉽게 할 수 있는 일은 스스로 3가지 요인을 적어보는 작업이다. 가까운 지인이나 직장 동료들에게 이미지를 평가해 달라고 물어봐야 한다. 이러한 작업을 통해 자신의 평판관리를 위해 해야 할 일Do List과 해서는 안 될 일Don't List을 적어보자. 사람은 망각의 동물인 만큼 마음먹었더라도 리스트를 만들어서 시각적으로 보지 않으면 시간이 지나면 잊게 된다. 스마트폰 메모장이나 수첩 앞면에 포스트잇을 붙여서 활용하는 것도 하나의 방법이다. 본인의 평판관리를 위해 필요한 3가지 항목과 주의해야 하는 항목 3가지를 적고 최소한 일주일에 한두 번은 들여다보고 점검할 필요가 있다.

물론 모든 일에는 양면성이 있다. 사람의 처지도 양면성이 있다. 미투에 관련해서도 누구나가 잠재적 가해자가 될 수 있고, 잠재적 피해자도 될 수도 있다. 사회적인 지위나 조직 내에서의 위치가 잠재적 가해자가 될 가능성이 큰 사람들은 '미움 받지 않도록 스스로를 살피고 조심하는 용기'가 필요하다. 반면, 잠재적 피해자가 될 가능성이 큰 사람들은 잠재적 가해자와의 적당한 거리를 두는 방법을 생각하고 본인이 원치 않는 상황에서는 분명하게 'No'라고 표현해야 한다. 물론 피해를 입었을 때는 참지 않고 이를 드러내는 '용기'도 필요하다.

피해 입은
개인평판 대처법

　개인평판이 피해를 입었을 때는 크게 3가지 대응을 생각해볼수 있다. 첫째, 만일 사실과 다른 일로 공격받거나 위협을 받았다면 공개적으로 부인할 수 있다. 둘째, 잘못된 정보를 수정해달라고 요청할 수 있다. 셋째, 명예훼손이나 손해배상 등 법적인 조치를 취할 수 있다.

　일반적으로 직장에서 평판이 영향력을 크게 발휘하는 경우는 2가지다. 먼저 회사에서 보직을 맡을 때인데, 이때는 인사권자인 상사의 평가가 가장 중요하다. 또 하나는 다른 직장으로 전직을 할 때다.

　회사에서 보직을 맡을 때는 반드시 평판을 조회한다. 조직에 따라 직급 차이가 있기는 하지만, 기업의 경우 대리나 초임 과장 때까지는 맡겨진 일을 잘 처리하는 능력이 중요하다. 그러나 팀장을 비롯한 그 이상 직책의 경우 사람을 관리하고 소통하는 능력이 더욱 중요해진다. 업무 처리 시스템이 잘 갖춰진 회사라면, 사장이 팀장을 뽑거나 배치할 때 미리 대상자에 대해 다각도로 평판을 조회한다. 인사 대상자가 팀장 직급이라면 팀원들과의 관계, 상사와의 관계, 다른 팀들과의 관계 등도 고려한다. 특정인이 팀장이 될 경우, 해당 팀으로 가길 꺼리는 사람들이 많다면 당연히 인사권자는 고민하게 될 것이다.

사람을 뽑을 때도 평판조회는 필수다. 대학 졸업예정자나 갓 대학을 졸업한 사람을 신입사원으로 뽑을 때는 인사팀에서 페이스북을 비롯한 SNS에서의 활동도 체크하고 학창시절 동아리 등을 통해서도 이런저런 정보를 수집할 것이다. 경력직에 대해서는 입사지원서에 적은 내용이 사실인지, 혹시 다른 결격사유는 없는지를 따진다. 왜 옮기려고 하는지, 종전 직장에서는 어떤 평가를 받았는지를 다양한 루트를 통해 파악하려고 할 것이다. 출산과 육아 때문에 직장을 그만두었다가 다시 사회생활 복귀를 앞둔 경력단절 여성에게도 평판관리는 필요하다.

일반적으로 특정인의 평판을 이야기할 때는 크게 2가지를 따진다. 하나는 그 사람의 인품이나 품행, 언행 등을 통해 사람 됨

81

됨이를 평가하는 정성적인 평판이다. 이는 측정이 어려운 만큼 객관적인 수치로 나타내기도 쉽지 않으며 그 사람이 처한 상황이나 기분, 조건 등에 따라 달라질 수도 있다. 개인의 인성을 비롯해 사람을 끄는 매력이나 사교성, 성실성, 표용력, 자기관리 능력, 위기대처 능력, 인내력 등이 대표적인 정성적 매력이다.

다른 하나는 그 사람의 역량이나 능력에 대한 정량적인 평판이다. 변호사나 의사 등 전문직을 생각하면 이해하기 쉽다. 객관적 기준에 따라 계량화할 수 있으며 순위를 매길 수도 있다. 이처럼 정량적 평판은 해당 업계에서 전문직이 제공하는 서비스의 품질에 대해 알려줌으로써 잘못된 선택을 하게 될 확률을 줄여준다.

그렇다면 개인평판이 위협받았을 때 어떻게 해야 할까? 3단계의 리스크 관리 행동을 생각해볼 수 있다. 즉, 중단하고Stop, 심사숙고하고Think, 반응을 선택Choose하는 것이다. 우선 즉각적이고 충동적으로 반응하고 싶은 본능을 제어해야 한다. 위협이나 위기는 어느 누구라도 피하고 싶은 외부의 부정적인 자극이다. 그러나 이는 통제할 수 없는 외부자극이다. 내가 통제할 수 있는 일은 이 불쾌한 외부자극에 대한 나의 반응이다.

이처럼 우리의 인생을 결정짓는 것은 엄습해온 역경 그 자체가 아니라 역경에 대응하는 우리의 태도와 방식뿐이다. 따라서 어떤 반응을 보일지에 대해 고민하고 여러 대안 중 하나를 선택해야 한다. 실수나 실패로부터 회복력을 높이는 비결은 단순한 긍정적인 사고가 아니라 유연하고 정확한 사고다. 상황을 정확하게 파악하고 다양한 각도에서 해석하고 유연한 사고를 하지 못한다면 근거 없는 낙관으로 흐르게 되고 제대로 된 해결책을 도출하기 어려워진다.

회복탄력성을
높이자

남들이 자신에 대해 과도하게 비난하거나 험담을 했을 때는 정신적 근육을 키우고 맷집을 발휘하는 것도 중요하다. 이를 위해서는 둔감력과 회복력으로 무장하는 건 필수다. 남들의 비판에 일일이 대응하지 않고 견뎌내는 맷집이 중요하다. 누구나 실수할 수 있다고 생각하며 회복탄력성을 길러야 한다.

나심 니콜라스 탈레브는 저서 《안티프래질》에서 안티프래질 유기체는 변화를 견디고 변화에서 살아남을 뿐 아니라 변화 때문에 앞으로 더 나아간다고 설명했다. 유리는 떨어뜨리면 깨진다. 하지만 유연한 종류의 나무들은 바람이 불면 휘어지지만 다시 복원된다. 안티프래질 유기체는 충격에서 오히려 이익을 얻기도 한다. 이 유기체는 변동성, 무질서, 스트레스에 노출될 때 단단해지며 위험과 불확실성에서도 견뎌낸다. 외부 충격에 죽지만 않으면 더욱 강해진다. 회복탄력성이 있는 사람 역시 3가지 특징이 있다.

첫째, 혹독한 현실을 객관적이고 냉정하게 바라본다. 현재 상황을 냉정하게 분석하고 지금 자신이 할 수 있는 일이 무엇인지를 생각한다. 지나친 낙관주의를 경계하며 건설적 비관주의자와 같은 태도를 취한다. 그래야만 발생 가능한 상황을 객관적이고 합리적으로 전망하고 선제적 조치를 취할 수 있다. 아울러 위험을 과소평가하지 않는다. 위험관리에 실패하면 오랜 기간 쌓아올린 성과나 결과물이 날아갈 수 있다. 따라서 어떤 일이 발생했을 때 어떻게 대처할지 미리 생각해두는 훈련을 하면 좋다. 예를 들어 업무 시작 전 '중요한 일을 실패해 의뢰인의 신뢰를 잃으면 어떻게 해야 할까'를 미리 생각하는 습관을 들이자. 그렇게 하면 실패한 경우에도 회복 시간을 줄일 수 있다.

둘째, 회복탄력성이 좋은 사람은 실패에서 의미를 찾아낸다. 예를 들어 시험에서 실수했다면 자신의 부주의를 탓하고 자책하고 있을 게 아니라 '이번 실수를 좋은 교훈으로 삼아서 다음에는 같은 실수를 되풀이하지 말자'라고 생각하는 식이다.

셋째, 창조적인 발상을 한다. 예를 들어 프로젝트 실패로 해

고당할 위기에 처했다면 전직할 수 있는 좋은 기회라고 역발상을 한다. 좌절을 겪고 주저앉아서 낙담하고만 있어서는 상황이 나아지지 않기 때문이다.

미국 펜실베이니아대학 교수로 긍정심리학과 회복력 분야 권위자인 캐런 레이비치Karen Reivich와 앤드루 샤테Andrew Shatte는 실직자들을 대상으로 조사한 결과를 가지고 《회복력의 7가지 기술》이란 책을 썼다. 실직자 가운데 금방 재취업할 사람과 그렇지 못할 사람이 나뉘는 가장 큰 요인을 '해고된 원인에 대한 유연하고 정확한 사고를 하느냐'의 여부라고 분석했다. 회복탄력성이 높은 사람은 자신이 해고된 이유를 최대한 정확하게 분석해서 중요한 해고 사유가 경기불황이나 업종전환이라면 이를 개인적인 요소로 받아들여 자책하거나 과도한 실망에 빠지지 않는다. 직장을 잃게 된 원인을 정확하게 파악한 후에는 유연하고 적극적인 자세로 문제 해결에 몰두하게 되고 상대적으로 빨리 새로운 직장을 잡게 된다고 소개했다. 아우슈비츠 수용소에서 죽음의 문턱까지 갔던 정신과 의사 빅터 프랭클은 위협에 대한 인간 반응의 중요성을 다음과 같이 언급했다.

"한 인간에게서 모든 것을 빼앗아갈 순 있지만, 한 가지 자유는 뺏을 수 없는데 어떤 상황에서도 본인의 삶에 대한 태도를 정하는 자유다."

따라서 예상치 못한 일을 당하거나 평판에 치명상을 입힐 사건을 만났다면 일단 멈춰 서서 길게 심호흡을 해보자. 그리고 어떤 시각이나 관점(프레임)으로 해당 사건을 바라보고 해석할지를 고민하고 신중하게 관점을 선택할 필요가 있다. 외부에서 가해진 불쾌한 자극은 그 자체를 차단하기는 어렵지만 자신의 반응과 태도는 선택할 수 있기 때문이다. 우선은 위험 유형을 정확하게 파악하는 것이 급선무다. 대비해야 할 위험이 어떤 종류인지, 가장 강력하고 중요한 위험과 우선순위는 어떻게 되는지를 파악해야 한다. 위험요인을 분석했다면, 종합적인 중요도에 따라 자신이 가진 자원을 배분하고 대응해야 한다.

작은 실패나 시련은 맷집을 길러주는 역할을 한다. 케이웃 첸 등은 《머니랩》에서 백신 효과에 대해 다음과 같이 적고 있다. 에드워드 제너Edward Jenner는 소를 기르는 목동들이 가벼운 우두를 앓게 되면 천연두에 걸리지 않는다는 사실을 발견하고 처음으로 천연두 백신을 생각해냈다. 제너 이후에 개발된 많은 백신이나 예방주사는 이러한 원리를 이용해서 만들어졌다. 인체에 아주 소량의 원인균이나 바이러스를 항원으로 집어넣으면 우리 몸은 이 항원에 대항하는 항체를 만들어낸다. 이렇게 만들어진 항체는 성질이 같은 어떤 병원균이 침투하더라도 싸워서 이겨낸다. 작은 병원균을 이겨내는 첫 승리가 매우 중요하다.

이런 효과는 시험에 대비해 성적을 올리는 테스트에서도 그대로 드러났다. 실력이 비슷한 학생들을 두 그룹으로 나누고, 첫 번째 A그룹에는 쉬운 문제를 먼저 풀게 하고 그 후에 어려운 문제를 풀게 했다. 그러나 두 번째 B그룹에는 어려운 문제를 풀게 한 후에 쉬운 문제를 풀게 했다. 실험 결과, 쉬운 문제를 먼저 풀어서 정답을 적어내고 그 후 난이도를 높여서 어려운 문제를 푼 A그룹 성적이 더 높았다. 이는 작은 성공을 먼저 경험하면 비록 어려운 문제에 직면하더라도 이 문제를 풀기 위해 끈질기게 매달릴 확률이 높아진다는 것을 보여준다.

연세대 김주환 교수는 한국인 특성에 맞는 회복탄력성 구성요소로 통제성, 사회성, 긍정성을 들면서 각각 3가지씩 세부요소로 구분했다. 통제성을 높이려면 문제 원인을 파악하고 분석 능력을 향상시키고 감정을 통제하는 힘과 충동적인 행동에 대한 자제력을 키울 것을 제안했다. 사회성을 끌어올리려면 인맥을 형성하는 관계성 능력을 높이고 커뮤니케이션 능력과 공감 능력도 높여야 한다고 적시했다. 긍정성 향상을 위해서는 어려운 상황에서도 감사하는 마음과 생활에 대한 만족, 모든 일을 긍정적이고 낙관적으로 대하는 태도가 필요하다고 조언했다.

동굴형 인간과
쓰레기 배포자는 잊어라

심리학에는 '기대-성과 불일치 가설'이 있다. 당초 기대했던 것에 미치지 못하면 실망하고, 비록 결과물이 크지 않더라도 기대하지 않은 성과가 나왔을 때는 만족감이 높아지는 현상을 일컫는다. 실제로는 상대방을 잘 알지 못하면서도 마치 잘 아는 것처럼 착각하거나 과도한 기대를 한 경우에는 그 사람과 적절한 거리를 유지하기가 어려워진다. 따라서 상대방 마음의 통로가 동굴형인지, 아니면 터널형인지를 파악하는 것이 중요하다.

마음의 통로가 동굴형인 사람은 커뮤니케이션을 할 때, 듣고는 있지만 마음속 문은 닫고 있다. 이런 사람에게는 아무리 내가 마음의 문을 열고 열린 소통을 하려고 해도 소용없다. 동굴형 사람을 대할 때는 꼭 필요한 수준 이상의 호의를 베풀거나 주고받기를 기대하지 않는 편이 좋다. 내가 선의로 한 행동이 오해를 받을 수도 있으며 마음의 상처를 입기 쉽다. 동굴형 사람이 뭔가를 말할 때는 필요 이상으로 주의를 기울일 필요가 없으며 때때로 흘려듣는 편이 낫다. 제멋대로 생각하거나 자신의 이익을 위해 과도한 요구를 할 가능성이 크기 때문이다.

반면, 입구와 출구가 모두 뚫려 있는 터널형 마음의 통로를 가진 사람과는 쌍방향 소통이 가능한 만큼 주고받기가 가능하고 윈–윈 관계를 형성할 수도 있다.

정문정 작가는 《무례한 사람에게 웃으며 대처하는 법》에서 법륜스님이 강연에서 한 여학생과 나눈 대화를 인용해 타인의 쓰레기 같은 발언에 덜 상처받는 방법을 소개했는데 참고가 된다.

한 여학생이 "스님, 어떤 사람이 저에게 상처를 준 게 자꾸 생각나서 괴로워요"라고 고민을 털어놨다.

스님이 물었다.

"길을 가는데 갑자기 누가 자기에게 뭘 주고 갔어요. 선물인 줄 알고 열었는데 쓰레기예요. 어떻게 하시겠어요?"

질문자는 "그냥 쓰레기통에 버리겠죠"라고 답했다.

스님은 말을 이어갔다.

"나쁜 말은 말의 쓰레기입니다. 말이라고 다 같은 말이 아니고, 그중 쓰레기가 있다는 거예요. 쓰레기는 쓰레기통에 던져버리면 됩니다. 그런데 질문자는 그 쓰레기를 주워서 계속 가지고 다니면서 자꾸 열어보는 거예요. 그 사람은 그 쓰레기를 버리고 이미 가버렸잖아요. 질문자도 이제 그냥 버리세요."

'마음속 평판 정수기'를
가동하라

르네 보르보누스는 저서 《존중력 연습》에서 상대방의 무례함에 격분해서 똑같이 예의 없이 대하지 말라고 충고한다. 무례한 상대방에게 무례로 앙갚음하면 똑같은 수준의 사람이 된다는 것이다. 상대의 무례한 행동에 대해서는 웃음이나 해학이 오히려 효과적인 방어법이 될 수 있다고 소개했다. 평정심을 잃지 말고 유머감각을 발휘해서 유연하게 대처하라는 조언이다. 상대의 허를 찌르는 독창적인 비유를 쓰거나 그 상황을 반전시킬 촌철살인의 속담이나 경구를 쓰는 것도 방법이다. 상대의 계획된 악의를 파악하고 도발을 경계하는 것도 선제적인 방어법이다. 상대의 인격을 모독하지 않으면서 자신의 의사나 의중을 분명하게 전달할 수 있도록 고민해야 한다. '침묵'이라는 비상 브레이크를 활용하는 것도 하나의 방법이다. 상대에게 스스로 분을 삭일 시간을 주는 것이다. 감정적으로는 매우 힘들지만 침묵하고 상대보다 낮은 시선을 유지하고 마음속으로 하나부터 열까지 세어라. 그 후에 상대에 대한 비난이나 공격이 아닌, 내 느낌과 심정을 나 중심의 메시지로 표현하라. 자존심이 상하는 일이겠지만 때때로 상대에 대한 존중을 말로 표현하는 것도 필요하다. 상대방의 말에 동의하는 뜻으로 상대의 발언을 반복해주는 것이 가장 손쉬운 방법이다. 상대가 제기한 비판 뒤에 숨겨진 강점을 파악하는 것도 상대편의 감정을 누그러뜨리면서 의외로 나를 이롭게 하는 일거양득의 효과가 있다.

우리는 사회적 지능이 높은 사람에게 책임을 위임하고 리더로 삼길 원한다. 특히 첨예하게 이해가 대립된 상황에서는 더욱 그렇다. 그렇지만 사나운 개와 같이 나를 물어뜯기 위해 달려드는 상대는 어디에든 있기 마련이다. 상대편과 더는 관계를 유지하고 싶지 않을 때는 최후의 방법을 쓸 수도 있다. 관계 자체를 중단하고 싶을 때, 복싱에서 사용되는 받아치기로 응수하라. 상대가 폭력적인 언어와 제스처로 펀치를 날리고 공격해올 때는 아예 자리를 피할 수도 있다. 유도나 레슬링에서 자주 활용되는 기술인 상대의 힘을 역이용하는 방법을 응용해 상대가 공격하는 논리나 증거를 반박할 논거로 공격할 수도 있다. 물론 이 방법을 쓸 때는 다시는 상대편을 보지 않겠다는 각오가 있어야 하는 최후의 카드인 셈이다.

깨끗하지 않는 물이 들어오더라도 이를 걸러내서 깨끗한 물로 바꿔주는 자신만의 정수 시스템을 구축해보는 것도 하나의 방법이다. 좋은 일이나 나쁜 일이나 시간이 지나면 정서는 가라앉는다. 정서를 과도하게 표출하고 곰곰이 되새길수록 그 정서는 증폭되고 과거의 불행을 부질없이 되새기는 악순환 속에 갇히고 만다.

좋지 않은 과거에 대한 정서를 안정으로 바꿀 수 있는 2가지 종류의 마음이 있다. 하나는 감사하는 마음으로 과거에 있었던 좋은 일들을 제대로 음미하고 올바로 평가할 수 있는 마음을 넓혀준다. 이른 아침이나 잠자리에 들기 전에 혼자서 그날 감사할 일이나 감사했던 일을 3가지씩 적어보는 '감사일기'를 써보는 것도 좋은 방법이다. 또 하나는 곧바로 용서하는 마음으로 과거에 대한 시각이나 관점을 바꾸려고 시도하는 것인데, 이는 당신을 괴롭히는 과거 경험의 나쁜 영향력을 조금씩 약화시킬 수 있다.

직장생활 시작과 끝 '평판'

The most important time in your life is now.
The most important person is who you are meeting now.
The most important work is what you are doing now.

세상에서 가장 중요한 때는 바로 지금이고,

가장 중요한 사람은 지금 함께 있는 사람이며,

가장 중요한 일은 지금 곁에 있는 사람을 위해 좋은 일을 하는 것이다.

• 톨스토이

평판은 입사 후 1년 안에
결판난다

A대기업에 다니는 장배움 부장과 모관리 부장은 입사동기다. 최근 정기 임원인사에서 장 부장은 승진했지만 모 부장은 고배를 마셨다. 임원 승진에 성공한 장 부장은 같은 해에 입사한 동기들 가운데 능력이나 재능은 보통이었다. 출신학교나 스펙도 중간 정도 수준이었다. 평범한 그는 입사 때부터 평판관리의 중요성을 듣고 본인의 커리어에 적용하겠다고 마음먹었다. 우연한 기회에 평판전문가를 만난 것이 계기가 됐다.

이 평판전문가는 "신입사원이나 경력직이 회사에 입사했다면 초기 1년이 가장 중요하다"며 "입사 후 1년 동안에는 자신의 평판관리에 총력을 기울여야 한다"고 말했다. 특히 장 부장

97

은 평판격차Gap의 중요성을 깨닫고 이 격차를 줄이기 위해 노력해왔다. 그 평판전문가는 사람에겐 스스로를 생각하는 정체성Identity과 장래 본인이 되려고 하는 희망자아Desired Identity가 있으며 다른 사람들이 바라보고 평가하는 이미지Image가 있다고 설명했다. 본인에 대한 정확한 정체성을 갖고 있으며 장래 자신이 되려는 희망자아에 대한 큰 틀을 가질 것을 제안했다. 또한 스스로 생각하는 정체성과 남들이 바라보는 이미지, 희망자아 사이에는 항상 차이Gap가 존재하는 만큼 이들 3가지 요소들 사이의 갭을 줄여서 희망자아 수준으로 끌어올리도록 노력해야 한다고 조언했다.

직장 안팎에서 개인평판을 관리하려면 자신만의 평판 지도를 그려보는 게 좋다. 일종의 '평판 업그레이드 지도'다. 이 평판 지도 Y축에는 직장에서 업무를 처리하는 데 필요한 정량적 매력을 표시한다. 업무수행 능력과 새로운 지식을 재빨리 이해하고 받아들이는 지적 능력, 맡은 분야의 지식 깊이와 넓이를 보여주는 전문성, 그동안의 경험이나 경력, 인적 네트워크인 인맥, 일을 해낼 수 있는 신체 능력인 체력 등이 정량적 매력이다. X축에는 정성적 매력 정도를 표시한다. 점수(숫자)로는 표시하기는 어렵지만 개인평판에 지대한 영향을 주는 매력 요소들이다. 성실성을 비롯해 인품, 리더십, 포용력, 자제력, 자기관리 능

신뢰가 전부다

평판 업그레이드 지도

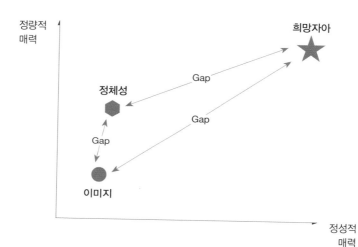

정체성 Identity : 스스로에 대한 평가(내부 평판)

이미지 Image : 외부에서의 평가(외부 평판)

희망자아 Desired Identity : 자신이 희망하는 평판(목표 평판)

- **정량적 매력** 업무수행 능력, 지적 능력, 전문성, 경험(경력), 인맥(네트워크), 체력(신체 능력), 외국어 구사력
- **정성적 매력** 성실성, 인품, 포용력, 리더십, 자제력(자기관리 능력), 협동심, 인내력, 사교성, 회복탄력성

력, 인내력, 팀워크, 사교성, 회복탄력성 등이 정성적 매력이다.

장배움 씨의 경우 일찍부터 평판 지도를 염두에 두고 자신의 업그레이드를 위해 힘썼다. 본인의 자아와 희망자아, 외부에서 자신을 바라보는 이미지 사이의 차이를 줄이려고 부단히 노력했다. 자아와 이미지를 희망자아 수준으로 끌어올리기 위해 스스로를 갈고 닦았다. 특히 자신의 강점을 잘 드러낼 수 있는 분야에서는 확실한 실적과 성과를 보여줬다. 남들이 싫어하거나 귀찮게 여기는 일도 가장 먼저 손 들고 처리하겠다고 나섰다. 새로운 프로젝트에 참여하거나 특별 태스크포스 팀에 들어가서 새로운 일을 익히고 회사 안팎으로 인맥도 넓혔다. 직장 상사들도 그의 열정을 높게 평가했고 진정성을 갖고 소통하는 그의 모습을 보면서 따르는 후배들도 많아졌다.

이번 임원인사에서 승진하지 못한 모 부장은 밖으로 드러난 조건에서는 장 부장보다 훨씬 좋았다. 한국 최고 명문대를 졸업하고 미국에서 경영학석사MBA 학위도 취득했다. 입사 후에는 탄탄한 영어 실력을 바탕으로 이따금 업무에서 능력을 발휘했다. 좋은 스펙에 대한 자긍심이 뛰어나서 회사 CEO 후보가 될 것을 의심하지 않았다. 그러나 자기주장이 워낙 강해서 회사 동료는 물론이고 선배들에 대해서도 대립각을 세울 때가 종종 있었다. 모 부장은 다른 사람들이 자신을 평가하는 수준에 비해 스스로를 대단한 사람이라고 생각하는 정체성을 가졌으며 장래 본인이 되려고 하는 자아에 대해서도 확신에 차 있었던 셈이다. 회사 안팎의 지인들은 모 부장에게 '사람이 너무 강하면 부러진다'는 조언을 하면서 그 같은 언행을 고치라고 조언했지만 그는 진지하게 듣지 않았다. 점점 동료와 부하들도 모 부장과는 함께 일하기를 꺼리게 됐다. 모 부장은 본인의 자아나 희망자아, 외부에서 보는 이미지 사이의 간극을 줄이지 못했으며 오히려 시간이 흐를수록 그 차이는 더 벌어졌다.

그러나 장 부장은 모 부장과 다른 태도를 지녔다.

첫째, 장 부장은 본인이 맡은 업무 외에 다른 분야도 관심을 가지면서 조직이나 인력을 관리하는 연습을 꾸준하게 해왔다. 반면 모 부장은 영어를 사용하는 대외업무나 전략기획업무에만 흥미를 보였다.

둘째, 장 부장은 평소 오너인 회장이 중요하게 여기는 인재들을 관찰했다. 그 결과, 겸손하게 다른 사람을 존중하고 맡은 일은 열정적으로 처리하되 실수한 경우 이를 솔직하게 인정하는 사람을 좋아한다는 점을 발견했다. 장 부장은 이를 마음속에 두고 자신도 그런 태도를 갖기 위해 애썼다. 그러나 모 부장은 업무 실적만 좋으면 된다는 생각으로 자신만의 스타일을 고수하며 실적을 내기 위해 후배들을 과도하게 밀어붙이는 경향을 보였다.

　모 부장이 간과한 게 또 있었다. 회사는 임직원을 평가할 때는 크게 실적과 역량을 기준으로 한다는 점이다. 실적에 대한 평가는 숫자로 표시되거나 눈에 보이는 정량적 평가인 만큼 승진 후보들 사이에 금방 비교할 수 있다. 그러나 역량평가는 정성적 평가이며 상당히 주관적이다. 역량평가에서 좋은 점수를 받으려면 드러내놓고 이야기하든, 암묵적으로 지지하든 최고경영진의 인재상에 부합한 언행을 해야 한다. 그 회사에 면면히 흘러내려 온 최고경영진의 경영철학과 불문율처럼 받아들여지는 조직문화가 더욱 중요하다고 할 수 있다. 회사별로 조금씩 다르지만 역량평가의 30~40%는 해당 기업의 인재상을 기준으로 이뤄지기 때문이다.

　인사전문가들은 대체로 일반 대기업의 경우 부장 때까지는 강점이 돋보이고 이 강점으로 평가받는다고 입을 모은다. 회사에 이득이 되는 일을 많이 하는 사람이나 적극적이고 공격적으로 일을 하는 사람이 높게 평가받는다. 따라서 부장 때까지는 다소 무리를 하더라고 실적이나 성과가 좋고 회사에 도움이 된다면 크게 문제가 되지 않는다.

　그러나 임원이 될 때부터는 평가항목이 달라진다. 임원은 감점을 줄이는 게 필수적이다. 아무리 실적이 좋아도 인품이나 태도 등 정성적 평가에서 낮은 점수를 받는다면 이 낮은 평가가 꼬리표처럼 붙어 다닐 것이다. 따라서 약점 잡힐 일은 하지 말아야 할 뿐 아니라 단점을 줄이려는 노력이 필요하다.

인사전문가들은 업무성과와 평판은 엄연히 다르다고 입을 모은다. 업무성과나 실적은 손익계산서에 해당하는 만큼 해마다 달라진다는 것이다. 대외적 경제여건 호조나 영업부서의 선방으로 매출액이나 영업이익이 많이 늘어난 해도 있고 그렇지 못한 시기도 있다. 따라서 특정인의 업무성과가 1~2년 좋다고 해서 그 사람에 대한 지속적인 평가가 좋아진다고 말하기는 어렵다는 이야기다. 반면 평판은 대차대조표에 비유된다. 입사 이후에 계속 평판이 좋아지는 사람은 자산 항목이 늘어나는 것과 같고 평판이 나빠지는 사람은 부채가 늘어난다고 할 수 있다. 한두 해 노력했다고 단기간에 바꿀 수 없는 것이 평판인 만큼 장기간에 걸쳐 일관되게 꾸준히 평판을 관리하는 노력이 필요하다는 게 인사관리 전문가들의 조언이다.

자신과 직업부터
분석하자

자신에게 맞는 경력 개발을 위해서는 본인과 직업을 정확하게 인식하는 작업이 필요하다. 이는 '자아인식 × 직업인식' 4분면으로 분석 가능하다. 즉, X축에 자아인식을 두고 Y축에 직업인식을 놓으면 4가지 유형이 나온다. 이 분석 틀을 활용해 현재자아나 직업에 대해 인식하는 유형을 가늠해보고 앞으로 지향해야 할 유형을 모색해보자.

제 1유형은 자아인식과 직업인식이 모두 낮은 경우다. 본인의 흥미나 적성을 잘 모르며 직업에 대해서도 제대로 분석이 되어 있지 않은 타입이다. 1유형의 사람은 대학 전공을 선택할 때도 본인 스스로에 대한 분석이 부족해 성적에 맞추거나 부모님이 제안한 전공을 선택했을 확률이 높다. 취업을 할 때도 해당 업종이나 기업에 대해 제대로 분석해서 본인의 특성이나 자질에 맞는 분야를 택하기 보다는 일단 지원해서 합격한 곳에서 일자리를 잡을 가능성이 크다. 이 유형은 입사 후에도 뚜렷한 직업적 목표나 희망진로가 명확하지 않아서 상사가 시키는 일을 하면서 하루하루 시간을 보내는 경우가 많다.

제 2유형은 자아인식은 낮으나 직업인식은 높다. 본인이 가진 강점이나 단점, 장래희망 등에 대한 분석이 부족하지만 다양한 직업 세계를 잘 알고 직장인으로서 요구되는 자세나 태도 등에 대해 관심이 많고 적응하려고 노력하는 타입이다. 직장생활을 하다보면 우리 주위에 이런 사람들을 종종 만나게 된다. 이 유형 중에는 "무엇이든 시키는 대로 열심히 하겠습니다"라는 말을 입에 달고 사는 사람들도 있다. 그러나 자신의 특성이나 강점에 대한 고민이나 고려가 부족하기 때문에 업무 성과는 노력하는 것만큼 나오지 않을 때도 많다.

제 3유형은 자아인식은 높으나 직업인식이 낮은 유형이다. 자신이 흥미를 느끼는 분야나 본인의 강점과 단점 등에 대해서 비교적 상세하게 파악하고 있지만 자신의 특성에 적합한 직업이 어떤 것이 있는지 제대로 파악하지 않은 타입이다. 이 유형의 사람 중에는 자신에 대한 분석을 잘하고 있는 만큼 자신에게

자아인식×직업인식 4분면: 자신과 직업을 제대로 분석하기

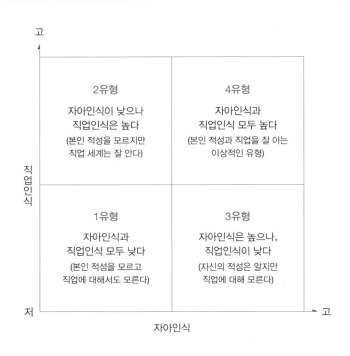

적합한 공부 방법을 찾고 잘 활용해 학창시절에는 일정 수준 이상의 학업 성취를 이룬 경우도 있다. 그러나 직업에 대한 탐구, 직장에 대한 관심이나 인식이 부족해서 직장생활을 하면서 고전할 수 있다. 밖에서 보기에 재미있어 보이거나 주위 사람들이

신뢰가 전부다

권유하는 분야의 직장을 택할 가능성이 크기 때문이다.

제 4유형은 자아인식과 직업인식이 모두 높은 유형이다. 본인의 가치관과 적성에 대해서도 잘 알고 있으며 세상에 있는 다양한 직업이나 직무에 대해서도 비교적 상세하게 알고 있는 편이다. 어떤 직업과 직무를 택했을 때 본인의 역량을 최대한 발휘할 수 있고, 직업적 성공을 거둘 가능성이 있는지를 파악한 사람들이다. 이들은 비교적 자신에게 잘 어울리는 직업을 택한다. 가장 이상적으로 직업을 탐색해서 찾은 경우다. 물론 이 유형의 사람이라도 시장과 기술은 매우 빠르게 변하는 만큼 자신이 택한 업종의 기술적 변화나 급변하는 사회 트렌드를 흡수하려는 노력은 지속적으로 필요하다.

사람, 일
궁합이 중요하다

기업 인사관리 담당자들은 'PJ Fit'이란 용어를 쓴다. 'Person-Job Fit'의 줄임말로 사람과 직장의 궁합이 얼마나 맞는지를 의미한다. 평소 자신이 하고 싶던 일을 직장에서 맡겨준다면 보람을 느끼며 즐겁게 일할 것이다. 자신이 잘하는 일을 통해 회사에 기여할 기회가 주어진다면 또 다른 성공으로 이어질 것이며 직장생활에서 선순환이 일어난다.

직장인이라면 누구나 회사와 고용계약을 맺고 있다. 그런데 회사가 자신을 더 필요로 해야지, 자신만 회사를 필요로 하고 회사는 자신을 필요로 하지 않게 된다면 이미 자신의 경력에는 비상등이 켜진 것이다. 이처럼 회사가 갑이 되고, 자신이 을이

신뢰가 전부다

되는 갑을관계가 형성되면 회사에 출근하는 게 고역이다. 회사는 경영상황이 나빠지면 우선적으로 이런 유형부터 내보내려고 할 것이다.

그렇다면 자신과 회사와의 관계를 어떻게 파악할 수 있을까? 비교적 쉽게 가늠해볼 판단 기준은 중요한 업무를 처리할 때 자신을 찾는 사람이 얼마나 많은지를 살펴보는 것이다. 자신을 찾는 상사나 동료가 많다면 쓸모가 있다는 이야기다. 물론 남들이 모두 하기 싫어하는 잡일을 처리해달라고 요청할 때만 부른다면 곤란하겠지만, 새로운 프로젝트를 하거나 풀리지 않는 복잡한 문제에 직면했을 때 찾는다는 것은 좋은 신호다. 이 기회를 활용해 자신의 역량을 보여주는 것이 중요하다.

만약 그동안 뚜렷한 성과를 보여줄 만한 업무를 맡지 못했거나, 이런저런 이유로 성과를 내지 못했다면 어떻게 해야 할까? 조바심을 내거나 초조해할 필요는 없다. 심리학에 '기대-성과 불일치 가설'이 있다. 기대가 크면 실망이 크다는 이야기다. 오히려 당초에는 상사나 동료들이 기대하지 않았는데 기대 이상으로 일을 잘 해내면 호감도가 급격히 상승한다. 따라서 그동안 뚜렷한 성과를 올리지 못했거나 실수를 했다면 너무 괴로워하지 말아야 한다. 본인의 실력을 발휘할 때를 기다리면 반드시 기회는 오기 마련이다. 그 기회가 왔을 때 그동안 갈고닦은 실력을 보여주면 회사 내에서 당신에 대한 평판이 달라질 것이다.

자신의 업무역량을 어떻게 높여야 할지가 고민이라면 미국 서던캘리포니아대학usc 경영대학원의 모건 맥콜 교수 조언을 참고하자. 맥콜 교수는 직장인의 업무역량을 높이는 방법으로 10:20:70의 비율을 제안했다. 즉, 책이나 교육 프로그램을 통해서 10% 성장과 역량개발을 꾀하고 상사의 지도나 주위 피드백을 통해서는 20% 성장을 도모하고 나머지 70%는 다양한 업무 경험과 일을 통해서 이루라고 말했다. 물론 쉬운 업무만 쫓아서는 성장할 수 없다. 다른 사람들이 꺼려하는 업무, 한정된 조건으로 제한된 시간에 완성해야 하는 프로젝트, 익숙하지 않은 분야지만 팀의 도움을 받으면 이뤄낼 수 있는 업무를 처리하면서 더 크게 성장한다고 조언했다.

결론적으로 만약 당신에게 새로운 자리나 새로운 프로젝트를 맡을 기회가 주어진다면 더 많은 경험을 하고 성장할 수 있는지 판단해야 한다. 그렇다고 본인이 잘 모르는 일이나 자신 없는 영역에서는 무리한 승부를 걸어서는 곤란하다. 자신이 잘 알고 관련 인맥도 있는 분야에 뛰어들어야 일정 수준 이상의 성과를 낼 확률이 높아진다. 확실하게 성과를 낼 분야를 중심으로 힘을 쏟고 잘 못하는 분야에서는 남의 도움을 받거나 펑크나지 않을 정도로 관리하는 전략도 나쁘지 않다.

한편 미국 텍사스대학 데이비드 슈케이드 교수는 보통 사람이 남을 볼 때는 그 사람의 장점만 보는 경향이 있으며 자신에 대해서는 단점을 크게 보는 경향이 있다고 지적했다. 그런 만큼 단점에 주목하고 그것을 개선하려고 노력하는 것보다는 오히려 장점을 키우는 데 초점을 맞추는 것이 업무성과에 도움이 된다는 게 슈케이드 교수의 조언이다.

여성 속옷 제조업체 와코루의 쓰가모토 요시카타 대표는《업무력》이라는 책에서 하나의 일화를 소개했다. 전국의 각 점포별로 가장 많이 팔린 브래지어 사이즈에서 일정한 규칙을 발견한 것이다. 작은 사이즈가 잘 팔리는 점포와 큰 사이즈만 팔리는 점포가 명확하게 나뉜다고 소개했다. 이를 신기하게 여긴 쓰가모토 대표가 직접 조사를 해봤다. 그 결과, 점장이나 매장 직원의 가슴 사이즈와 상관관계가 있었다. 작은 사이즈의 브래지어를 착용한 직원은 작은 사이즈를 더 잘 팔았고, 큰 사이즈를 착용한 직원은 큰 브래지어를 잘 팔았다. 자신과 비슷한 사이즈를 가진 손님들의 기분이나 고민을 잘 이해하고 있다는 점이 고객 응대와 상담으로 이어졌을 것으로 쓰가모토 대표는 추론했다. 내가 상대하기 어렵고 자주 접하지 못하는 종류의 손님을 상대하는 것보다는 잘 대응할 수 있는 유형의 고객을 상대해야 더 좋은 실적을 낼 수 있다는 이야기다. 누구나 잘하는 일과 어

111

려워하는 일이 있는 만큼 자신이 잘할 수 있는 일을 하고, 다른 사람은 다른 사람이 잘하는 일에 집중하도록 역할 분담을 하는 것이 좋은 결과로 이어질 확률이 높다.

직장인의 기본,
호렌소

일본 직장에서는 '이찌닌마에一人前'라는 표현을 즐겨 쓴다. 1 인분이란 뜻과 함께 자신의 역할을 제대로 해내는 자격이나 능력을 갖춘 사람이라는 의미로 쓰인다. 어느 회사나 과연 그 사람이 자신의 역할을 잘 해내고 있는지를 따진다. 회사에서 받아가는 월급보다 더 많은 기여를 하는 사람을 지칭할 때 이 단어를 쓴다. 물론 그 사람이 자신의 역할을 제대로 하는지 평가하는 건 인사권자 몫이다. 조직에 따라 다르지만 대부분 회사에서는 1차적인 인사권자는 하나의 부서를 책임지는 사람이다. 2차 인사권자는 임원이고 최종 인사권자는 CEO다. 쉽게 말해 자신이 속한 조직의 결재라인에 있는 사람들이 인사에 영향

113

을 미친다. 회사 인사팀에서 정기적으로 하는 정량적인 인사평
가는 참고사항일 뿐이고 이들이 나의 승진, 이동, 좌천을 결정
한다. 인사 시즌에 상사가 부하 직원에 대해 내리는 정성적인
평가는 상사가 직접, 간접적으로 보고 듣고 접한 것들을 종합
해서 내려진다. 문제는 상사도 사람인지라 다양한 감정을 가진
불완전한 존재다. 그런 만큼 나에 대해서 상사가 좋은 기억이
많으면 좋은 평가를 내리게 된다. 이는 나의 성과나 직장 내 생
존과 직결된다.

일본 직장에서 가장 중요한 것은 '호렌소ほうれんそう'를 몸에 익
히는 일이다. 일본 회사 중에는 아예 신입사원들에게 이를 구호
로 만들어 복창하게 하는 곳도 있을 정도다. 호렌소의 본래 일
본어 의미는 '시금치'인데 외우기 쉽게 이 단어로 부른다. '보고·
연락·상담'을 뜻하는 3개 단어의 두음만을 따서 만든 조어다.
즉, 보고ほうこく 報告, 연락れんらく 連絡, 상담そうだん 相談이다.

첫째, 보고의 중요성은 아무리 강조해도 지나치지 않다. 함
께 모여서 일하는 직장은 보고로 시작해서 보고로 끝난다. 직장
에서의 하루는 상사에게 보고를 하거나 부하 직원의 보고를 받
으면서 시작된다. 보고를 통해 일을 수행하는 데 필요한 돈이나
인력 등 조직적인 지원을 받을 수 있다. 상사에게 잘 보이는 비
결은 업무의 진행상황을 적절한 타이밍에 적절한 형식을 갖춰

서 보고하는 것이다. 상사를 깜짝 놀라게 하는 소식을 전하는 것은 피해야 한다. 특히 상황이 좋지 않게 진행되고 있을 경우에는 일이 크게 번지기 전에 미리 보고해야 한다. 모든 사람은 불확실성을 싫어한다. 갑작스런 보고는 직장 상사를 깜짝 놀라게 하고 더 나아가 당혹스럽게 만든다. 예기치 못한 위기가 발생했거나 상황이 불리하게 전개될수록 현황과 문제점, 해결방안 등에 대해 개략적인 구두 보고라도 하는 게 중요하다. 미리 조금씩 보고해야만 상사가 향후 전개될 시나리오를 생각해보고 거기에 맞춰서 준비할 수 있기 때문이다. 나쁜 일이라고 생각돼 미적미적하면서 보고가 늦어질 경우 호미로 막을 일을 나중에는 가래로도 못 막는 사태까지 진전될 수도 있다. 만일 신속하게 보고하느라 중요한 내용을 빠뜨렸거나 사실과 다른 과장된 내용을 보고했을 때는 그 즉시 정정 보고를 해야 한다.

둘째, 연락도 직장인의 기본이다. 특히 언론사를 비롯해 마감 시간을 다투는 직업 세계에서 중요한 게 연락이다. 실시간 뉴스를 다루는 언론사에서는 연락이 안 되는 직장 동료나 후배는 신뢰받지 못한다. 긴급한 사건이 터졌거나 새로운 뉴스가 흘러나와서 확인해야 하는데 전화도 안 받고 문자를 남겨도 아무런 답변이 없을 때는 상사나 동료는 당황하게 되고 비난하게 된다. 결국은 상사가 직접 뉴스의 사실 여부를 확인하거나 다른 후배에게 확인을 부탁할 수밖에 없다. 본인이 일을 처리하기 어려운 환경이면 그런 상황을 빨리 알려줘야 다른 사람에게 일을 맡길 수 있는데 연락이 안 되면 업무 조정이 전혀 안 되기 때문에 짜증이 나기 마련이다. 긴급하게 전화를 걸었는데 계속 연결이 안 되는 후배는 신뢰성이 떨어진다. 신문사에서 아무리 글을 잘 쓰고 큰 특종을 한 경력이 있는 후배라도 연락을 했을 때 연결이 잘 안 되거나 콜백 전화가 없다면 믿을 수 없다는 인상을 남기게 된다. 물론 연락의 중요성은 후배뿐 아니라 상사에게도 적용된다. 후배가 상황이 급박해서 연락했을 때, 제때 연결이 안 되는 상사를 신뢰할 수 없다고 여기는 것은 인지상정이다. 물론 업종이나 조직에 따라 조금씩 다를 수는 있겠지만 어느 직장에서나 연락은 중요하다.

　나는 직장생활에서 연락의 중요성을 재계 10대그룹 계열사에서 최근까지 사장을 지내다가 66세에 고문으로 물러난 분을 통해 들었다. 이 분은 임원으로만 20년을 지냈다. 장수 비결을 물었더니 "초임 임원 때부터 변함없이 실천해온 1미터 룰 덕분"이라고 답했다. 1미터 룰이란 본인 스스로 만들고 지켜온 규칙으로 유선전화나 휴대폰을 자신의 반경 1미터 안에 놓고 상사로부터 전화가 오면 즉시 응대했다는 것이다. 심지어 사우나에 들어갈 때도 비닐봉지에 휴대폰을 넣고 갔다는 일화를 들려줬다. 이 규칙을 실천했더니 회장이나 회장비서실에서 온 긴급 연락이나 중요한 일을 단 한 번도 놓치지 않고 적절하게 대응할수 있었다고 말했다. 그는 본인이 부하 직원이나 후배들을 평가하는 중요한 기준 중 하나가 바로 '휴대폰으로 전화를 걸었을 때 얼마나 빨리 연결이 되는지'라고 했다. 전화를 걸었는데 제대로 연락이 안 되는 부하 직원은 신뢰하지 않는다는 것이다. 물론 그 분이 오랫동안 임원으로 지내고 계열사 사장까지 맡은 것은 당시 한국의 많은 기업들이 지속적으로 성장해서 임원 자리가 많아졌고 오래 임원을 할 수 있는 시대적 배경이 컸다. 여기에 남다른 업무처리 센스와 관리능력, 리더십 등이 종합적으로 작용해서 가능했을 것이다. 그러나 언제라도 전화통화가 되고 긴급한 사안이 발생했을 때, 즉시 적절하게 대응하는 태도도 한몫했을 것으로 보인다.

셋째, 상담도 매우 중요하다. 일은 혼자서 처리할 수 없다. 직장에서는 필연적으로 협력해야 한다. 프로젝트를 계획하고 일을 처리하기 위해서는 반드시 직장 상사나 동료, 부하 직원들과 협의해야 한다. 특히 직장 상사는 내가 고민 중인 사안과 비슷한 일로 고민하고 시행착오를 겪었을 것이다. 그만큼 다양한 문제에 직면해 해결하려고 몸부림친 적도 있을 것이다. 직장 상사에게 어떤 일을 상담한다면 그 일에 관해 상사의 지원을 끌어들

117

일 수 있다. 제대로 된 상사라면 부하의 일 처리를 돕기 위해 조직 안팎의 인맥이나 네트워크 등을 동원할 것이다. 미리 상담을 하고 업무처리 중간 중간에 계속 협의를 했는데 그 일이 실패한 경우라도 상사가 우군처럼 나서줄 가능성도 있다. 최선을 다했는데도 실패했다면, 상사는 나중에라도 성공 가능성이 큰 프로젝트에 팀의 일원으로 보내준다거나 새로운 중책을 맡길 수도 있다. 대부분의 직장 상사와 인사권자들이 중요하게 생각하는 것은 실패 그 자체보다는 끝까지 포기하지 않고 맡긴 일을 해내려는 끈질긴 자세와 적극적인 태도다. 따라서 업무를 추진하다가 난관에 봉착하면 상사에게 달려가거나 동료나 후배와 상담을 하는 게 중요하다. 직장에서 승진하는 사람은 혼자서 모든 일을 해내는 슈퍼맨이 아니다. 오히려 힘든 일이 있을 때 다른 사람의 도움을 받거나 상사에게 도움을 청하고 상담하는 사람이다. 물론 자신이 필요로 할 때 도움을 받기 위해서는 평소 회사 내 인맥관리나 선후배들과의 네트워크에도 신경을 쓰고 투자해야 한다. 상사와 후배들의 협조와 지원을 얻어내서 프로젝트에서 좋은 성과를 내고 고객들에게 제공하는 가치를 높여서 회사에 도움이 되는 일을 하는 것이 바로 진정한 의미에서의 '사내 정치력'이다.

신뢰가 전부다

회사에선
'싸우지 않는 사람'이 이긴다

미국 코넬대학 티머시 저지 교수는 대학 졸업생 873명(평균 34.8세)을 대상으로 흥미로운 조사를 실시했다. 이들 졸업생은 평균 4.2회 승진했는데 마음속으로는 상사 의견에 반대하더라도 상사에 동조할 수 있는 성격을 가진 사람들이 승진 횟수가 더 많았다. 반대로 상대를 가리지 않고 대립하는 사람은 출세하기 어려웠다. 아무리 이치에 맞더라도 부하 직원의 반론을 기분 좋게 받아들일 도량 넓은 상사는 많지 않다. 상사가 겉으로 표현하지 않더라도 반론을 하면 할수록 상사의 기분은 나빠질 것이다. 특히 공개적인 석상에서 상사와의 싸움은 최대한 피해야 한다. 상사가 하는 말과 요청에 긍정적인 태도를 보인 사람이

119

상사의 마음을 얻고 승진 때도 유리하다.

당신은 일을 잘하는 사람이란 이야기를 들었을 때, 상사에게 과감하게 하고 싶은 말을 하는 이미지를 떠올릴 수 있다. 그러나 이것은 드라마 영향 때문이다. 어디까지나 드라마 속 이야기이고 현실에서는 상사와 자주 충돌을 일으키는 사람이 계속 롱런하기는 어렵다. 누구와도 분쟁을 일으키지 않고 상황에 따라 부드럽게 행동하고 남을 배려하는 사람이 오랜 기간 직장생활을 하게 된다.

평판을 좋게 하기 위해서는 자신의 매력자본을 키우는 노력도 필요하다. 영국 런던 정책연구센터 캐서린 하킴 연구원에 따르면 매력자본은 단순한 외양이 아니라 용모와 성적 매력, 자기표현 기술, 사회적인 기술 등의 종합이다. 사회생활을 하는데 있어서 매력자본을 갖춘 사람이 평균 15% 정도 유리하다는 통계도 있다. 근사한 외모를 가진 변호사는 평균적인 외모를 가진 변호사보다 12% 정도 돈을 더 번다는 조사 결과도 있다. 하킴 연구원은 최근에는 3가지 이유 때문에 매력자본이 중요하다고 말한다.

첫째, 일하는 환경이 제조업 중심에서 서비스업 중심으로 바뀌었다. 서비스업에서는 사람과의 관계를 잘 맺고 부드러운 대화를 나눌 능력을 가진 사람이 매력적이다. 둘째, 인터넷과 디지털사진으로 개인정보가 모두에게 노출되기 때문이다. 페이스북이나 인스타그램, 카카오톡, 밴드, 카카오스토리 등 SNS를 떠올리면 이해하기 쉽다. 셋째, 선진국이나 부강한 나라가 더욱 많아졌는데 이들 국가에서는 과거에 비해 럭셔리한 제품이나 서비스, 미용, 좋은 매너 등을 지향하면서 이 같은 매력을 추구하는 것이 글로벌한 가치가 됐다는 것이다.

하킴 연구원은 매력도를 높이기 위해서는 사람들을 자주 만나고 접하는 게 중요하다고 조언한다. 인간은 비슷한 특성의 사람에게 끌리는 경향이 강하므로 친하게 지내고 싶은 사람과 유사성을 높이는 노력이 필요하다. 상대방이 활동 중인 동호회 등에 가입하는 방법 등이 여기에 해당된다. 물론 자신을 보완하는 뭔가를 가진 사람에게 매력을 느끼는 사람도 있다. 예를 들어 외모가 뛰어난 여성이 잘생긴 남자보다는 유머감각이 뛰어난 남성에게 더 끌리는 경우가 있는데 이는 자신을 보완해줄 사람에게 매력을 더 느끼기 때문이다. 상호성의 원칙도 작용한다. 나를 좋아하는 사람을 나도 좋아하는 상호성의 원칙은 매력자본에서도 동일하게 적용된다.

직장에서는 일을 분담하거나 남에게 시키는 것도 중요한 능력이다. 우리 주위를 둘러보면 모든 일을 혼자서 끌어안고 끙끙대거나 패닉에 빠지는 사람이 있는데 이는 곤란하다. 혼자 애쓰

121

지 않아도 된다. 우리가 혼자 일하는 1인 기업이 아닌 회사에 다니는 것은 함께 일하기 위함이다. 혼자서 처리하기 버거운 일은 다른 사람들의 도움을 받으면 되고 다른 사람과 상담하면 된다. 다른 사람이 일정부분의 일을 대신하도록 하는 것도 중요한 전략이다.

직장은 일하기 위해 모인 곳이다. 그런데 가끔 회사에서 상사의 호감을 얻는 데만 모든 에너지를 쏟는 후배들을 만나게 된다. 우리는 호감을 얻기 위해 직장에 나오지 않는다. 남녀가 만나 서로 좋아하게 되면 대부분 신뢰관계로 이어진다. 업무와 일의 성과가 중심이 되는 인간관계에서는 좋아하는 사람과 신뢰하는 사람이 서로 다른 경우가 많다. 예를 들어 우리 부서의 부장이 거래처 사람들을 만나거나 회식 때 항상 나를 옆자리에 앉으라고 하면서 살갑게 대한다면 부장이 내게 호감이 있다고 할 수 있다. 그러나 중요한 업무는 내가 아닌 나와 입사동기인 무뚝뚝한 P대리에게 먼저 맡긴다면 우리 부장과 P대리 사이에는 업무와 관련된 신뢰관계가 형성돼 있다고 할 수 있다. 부장의 머릿속에는 '나=편하고 부담 없는 후배', 'P대리=업무처리가 확실하고 성과가 좋은 후배'라는 인식이 형성됐을 가능성이 크다. 만약 부장의 머릿속에 이 공식이 들어 있다면 향후 커리어에 노란불이 켜졌다고 자각해야 한다. 함께 여흥을 즐기거나 취미생활을 하기에는 좋은 후배지만, 중요한 프로젝트를 맡기기에는 미덥지 못하다는 생각을 했을 가능성이 있다. 회사에 구조조정 시기가 닥치거나 부서 인원을 줄여야 한다면 대부분 상사들은 신뢰도가 높은 부하를 끝까지 데리고 있으려고 할 것이다. 신뢰도가 높은 부하는 상사 본인의 성과와 직결되기 때문이다. 따라서 상사에게 업무에서의 신뢰부터 얻는 게 중요하다. 가끔은 출근길에 스스로에게 물어보자. "과연 나는 상사가 개인적으로 좋아하는 사람인가, 업무적으로 신뢰하는 사람인가?"

회사 내 정치력은 곧 협상력을 의미한다. 직장인들은 크게 2가지 종류의 협상을 한다고 말할 수 있다. 하나는 이익 중심의 협상이다. 한두 번 보고 말 사람이라면 본인의 이익을 추구하는 쪽으로 행동해도 무방하다. 또 하나는 관계 중심의 협상이다. 평생 함께 살아야 할 가족이나 장기적으로 계속 얼굴을 봐야 할 직장 동료나 상사가 대표적인 관계 중심 협상 대상자다. 관계 중심 협상에서는 단기적인 이익보다는 본인의 장기적인 평판을 생각하면서 행동해야 한다. 평판을 망가뜨리는 말이나 행동은 삼가는 것이 장기적으로 이익이 된다.

정치력을 발휘하기 위해서는 자신이 속한 회사 사람들의 대화 패턴을 파악하는 것도 중요하다. 대화는 '패턴화'해야 알아듣기 쉽다. 출세하려면 커뮤니케이션 능력을 빼놓을 수 없다. 직장에서 상사나 동료의 말귀를 알아듣지 못하면 따돌림을 당하기 쉽다. 미국 유명 경영 관련 잡지 〈하버드 비즈니스 리뷰〉가 약 2,000명을 대상으로 조사했다. 출세하는 데 도움이 되는 요인을 묻는 질문에 응답자 94.7%가 '커뮤니케이션 능력'을 꼽았다. 직장에서 업무 관련 대화는 일정한 패턴이 있다. 만일 본인이 직장에서의 대화법에 익숙하지 않다면 커뮤니케이션을 잘하는 사람으로 손꼽히는 선배나 동료, 후배가 질문하거나 답하는 패턴을 참고할 필요가 있다. 이렇게 익힌 대화 기술에 자신만의 좋은 개성을 덧붙인다면 자신도 모르는 사이에 소통 능력이 업그레이드 될 것이다.

경쟁이 아닌 협력에 초점을 맞춘 사람이 더 오래 직장생활을 할 가능성이 크다. 왜 그럴까? 회사 내 최종 인사권자는 회사 전체 구조를 보면서 적재적소에 사람을 배치한다. 그럴 때 크게 2가지를 고려한다. 첫째, 현재 이 사람이 해당 사업부문이나 부서를 맡는 게 적절한지를 따진다. 이 사람이 해당 부문을 맡아서 제대로 잘 이끌고 갈 것인지를 고민한다는 얘기다.

둘째, 과연 이 사람이 회사 전체에 도움이 되고 매출과 이익도 늘릴 사람인지 따진다. 큰 그림에서 회사 이익을 늘리기 위해서는 각 사업부문을 책임지는 사람들의 조화와 협력은 필수다. 그런데 서로 좋은 자리를 차지하려고 싸우거나, 먼저 승진

하겠다고 경쟁자를 험담하거나 발을 걸어 넘어뜨리려는 의도
가 보인다면 한심하다고 생각할 것이다. 최종 인사권자 입장에
서 조직의 조화와 화합을 해치며 갈등을 일으키거나 불필요한
잡음을 유발하는 간부가 좋게 보일 리가 없다. 물론 회사 내 경
쟁이 회사 전체에 도움이 되고 파이를 확장하기 위함이라면 인
사권자도 용인하겠지만, 상대방을 밀어내거나 제거하기 위한
경쟁이라면 결코 용납하지 않을 것이다.

관계 중시형
vs
업무 중시형

회사에는 인간관계를 더 중시하는 사람과 업무나 실적을 더욱 중시하는 사람이 있다. 자신과 직장 동료, 상사가 어느 쪽을 더 중시하는 타입인지 파악해두면 상대를 이해하게 되고 불필요한 대립도 줄일 수 있다.

타입 파악을 위해 관계 중시와 업무 중시라는 2개의 축을 기준으로 4분면으로 나눈다. X축에 관계 중시, Y축에 업무 중시를 두고 구분하면 4분면이 나온다. 조직생활은 두 바퀴로 가는 자전거로 생각하면 이해하기 쉽다. 자전거에 동력을 전달하는 뒷바퀴는 '신뢰'다. 뒷바퀴의 신뢰라는 동력이 전달돼야 앞바퀴도 굴러가면서 성과와 실적을 거둔다. 이들 두 바퀴가 유기적이

126

신뢰가 전부다

관계 중시형 vs 업무 중시형

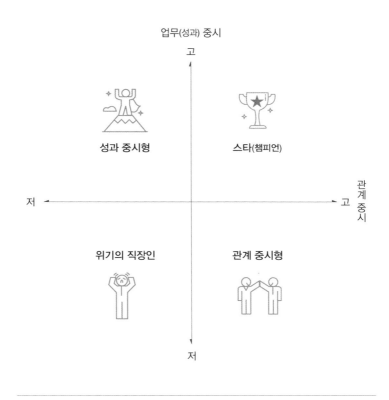

고 원활하게 작동해야 자전거는 앞으로 나아갈 수 있다. 즉, 상
사와 동료, 부하 직원들 사이의 신뢰가 구축돼야만 지속적인 실
적이 나온다.

1사분면은 직장에서 스타에 해당한다. 관계도 좋고, 성과도 좋다. 회사 안팎에서 종합적으로 좋은 평점을 받는 사람이다. 상사와 동료, 부하 직원들과의 신뢰관계를 바탕으로 업무에서도 좋은 성과를 낸다. 장기적인 전략과 성과까지 중시하는 경향이 있어서 향후 조직 내에서 중요한 역할을 더 맡을 가능성이 크다.

2사분면은 성과 중심의 사람이다. 업무성과를 중시하는 이 유형의 직장 상사라면 부하 직원들도 성과를 기준으로 평가한다. 이 유형의 상사는 밀어붙이는 스타일이 많다. 어느 직장에나 한두 명은 존재하는 불도저처럼 돌진하는 스타일이다. 그러나 과도하게 단기성과에 치중할 경우 조직원들 사이의 신뢰가 고갈되어 장기적이고 지속적인 성과를 거두기 어려울 수도 있다. 이 같은 유형을 팀장으로 모시는 부하 직원 입장에서는 자신이 이용됐다고 불만을 제기할 가능성이 있다.

3사분면은 위기의 직장인이다. 직장에서 상사나 동료, 부하 직원과 신뢰관계가 부족하고 업무성과도 좋지 않다. 회사 경영 여건이나 상황이 악화돼 구조조정을 해야 한다면 가장 먼저 내보내고 싶어 하는 유형이다.

4사분면은 인간관계를 중시하는 유형이다. 사람을 폭넓게 사귀려고 하며 인적 네트워크 관리에도 시간과 비용을 들인다. 동문회장 중에 이런 스타일이 많다. 그런데 직장 내에서 신뢰를 얻으려면 크게 2가지 특성을 고려해야 한다. 하나는 개인적으로 믿을 만한 성품을 가졌고 믿을 만한 언행을 하는 경우다. 일관성과 도덕성, 공정성 갖춘 사람은 신뢰를 얻기 마련이다. 또하나의 요소는 자신이 속한 조직의 가치를 중시하고 해당 조직에 대한 애정을 갖고 몰입하는 경우다. 당연한 이야기로 들리겠지만 대부분 최종 인사권자는 개인적 인품과 더불어 조직에 대한 애정과 몰입도가 높은 사람을 선호하며 이들을 우선적으로 승진시키려 한다.

아무리 강조해도
지나치지 않는 '신뢰'

신뢰는 '거래'라는 바퀴에 기름을 칠해서 원활하게 움직이게 함으로써 관련 비용을 줄여준다. 신원조사를 하고 정교한 계약서를 작성하고 거래의 모든 과정을 모니터링하는 데 들어가는 비용을 줄일 수 있다. 신뢰가 없다면 사업을 하는데 너무나 많은 비용을 치러야 한다. 신뢰란 '인간의 미래 행동'에 대한 믿음이다. 내가 아닌 타인의 행동, 그것도 미래의 행동은 본질적으로 불확실할 수밖에 없다. 따라서 신뢰에는 언제나 크고 작은 리스크가 따른다. 시대가 변하면서 배신에 대한 유혹의 형태도 변화하고 있다. 정부 기밀문서 취급허가도 영원히 지속되지 않는다. 신뢰의 유효기간도 이와 비슷하다.

남을 믿을지, 말지를 결정할 때는 신뢰를 구성하는 3가지 요소(의도, 능력, 맥락)를 모두 따져보는 게 좋다. 이때 그 사람의 평판은 상대편이 제공할 서비스 품질이나 역량에 대한 정보를 보여주기도 하고 의도와 동기를 알려주기도 한다. 사람들은 신뢰에 대해 생각할 때 '상대 의도'에만 집중한다. 친구인지, 나에게 해를 끼칠 사람인지에 초점을 맞춘다. '저 사람(회사)이 속임수를 쓰지 않는 거래처일까?' '저 사람은 게으름 피우지 않고 열심히 일할까?' '이 중개업자는 내 입장에 서서 기꺼이 최대이익을 내도록 노력해줄까?'…. 물론 좋은 의도도 중요하지만 의도대로 이행할 '능력'이 없다면 의도 자체는 결과적으로 별다른 소용이 없다.

공인회계사가 아무리 좋은 의도로 행동하더라도 무능하다면 세금 처리 작업을 제대로 해낼 수 없다. 상사가 시킨 일을 끝내려고 야근과 휴일 근무도 마다하지 않던 부지런한 직원도 결정적인 순간에 마감을 넘길 수 있다. 때로는 나쁜 행동은 개인의 의도가 아닌 환경적인 요인에 의해 생길 수 있으며 나쁜 행동 자체는 악의가 아닌, 단지 무능력의 결과일 수도 있다.

따라서 누구에게 일을 맡길지를 판단할 때는 신뢰를 구성하는 3가지 요소인 의도, 능력, 맥락 모두를 고려해야 한다. 특히 '맥락'을 간과하기 쉬운데, 이 요소도 결코 그냥 넘어가선 안 된

131

다. 상대의 의도와 능력을 측정해 신뢰할 만하다고 판단했더라도 그 예측이 적용되는 것은 회계, 영업, 기한 내 프로젝트 완수 등 특정 맥락에서만 유효할 수 있다. 한 분야에서 뛰어난 역량과 좋은 의도를 가진 사람이라 해도 다른 분야에서는 능력도 의지도 부족할 수 있기 때문이다.

심리학 연구에 의하면 우리는 때로 '의도'와 '능력'이 반비례한다고 생각하는 경향이 있다. 영리법인은 유능하다고 인식하지만 비영리법인은 그다지 유능하지 않다고 인식하는 사람들이 많다. 그러나 '의도'는 '능력'이나 '선악'과는 전혀 관계가 없다. 능력과 의도는 별개다. 따라서 신뢰도를 제대로 판단하려면 이 2가지를 냉정하게 분리해서 생각하고 판단해야 한다.

끝없이 고민해야 할 '정체성'

실적이 악화된 기업들은 사업구조 개편, 조직 통폐합, 인력 감축에 나선다. 그렇다면 어떤 사업부문을 없애고, 뭘 남겨야 할까? 수익성이나 사업전망을 기준으로 사업부의 존폐를 결정하기 전에 '우리는 무엇을 해왔으며 앞으로는 어떤 기업이 되길 원하는가'라는 정체성에 대한 고민부터 해야 한다. 기업 정체성에 대한 구성원들의 생각이 바뀌지 않는 한 어떤 구조 개편도 성공할 수 없다.

나는 도쿄특파원 시절 혼다 도쿄 본사에서 후쿠이 다케오 사장을 인터뷰하면서 기업 정체성의 중요성을 실감했다. 그가 내민 명함에 적힌 회사명은 '혼다자동차'가 아닌 '혼다기술연구소'

였다. 혼다는 엔지니어들이 만든 회사며 기술을 매우 중시한다는 사실을 명함에서부터 느낄 수 있었다. 그는 혼다의 정체성을 '개인용 이동수단personal mobility'을 연구하는 조직으로 정의했다. 이러한 정체성 인식이 있었기에 오토바이용 모터를 만들던 회사가 자동차, 소형 비즈니스 제트기, 걷고 말하는 로봇 분야로 영역을 확장할 수 있었다. 이는 혼다가 비슷한 이동수단이라고 해도 일반 승객이 이용하는 대형 버스나 대형 항공기 분야로는 진출하지 않는 이유이기도 하다.

가전회사로 출발한 필립스는 사업구조 개편 때마다 슬로건을 바꾼다. 필립스 가전제품이 뛰어나다며 'Let's make things better(작은 차이가 명품을 만든다)'를 내걸었다. 그 후 가전사업을 축소하고 조명·헬스케어에 주력하겠다며 복잡한 기술을 쉽고 직관적으로 이해시키겠다는 의지를 담아 'Sense and Simplicity(고객 위주로 설계되어 센스 있고 사용하기 쉽고 단순하게)'로 바꿨으며, 어느 때부터인가 회사명에서 아예 '전자Electronics'라는 단어를 삭제했다. 회사 슬로건을 바꿈으로써 사업구조 변화를 대외적으로 알릴 뿐 아니라 내부 구성원들에게도 계속해서 변화의 방향을 주입시켰다.

IBMInternational Business Machines은 회사명에서 알 수 있듯이 원래는 천공카드를 만드는 회사로 출발했으나 PC와 컴퓨터 서버 관련 제품 등으로 급성장했다. 그러나 하드웨어 제품군으로는 살아남을 수 없다고 판단해 2004년 PC사업부를 중국 레노버에 매각하고 지금은 IT 분야와 비즈니스를 컨설팅해주는 서비스 회사로 변신했다.

기업 구성원들이 자신의 회사를 어떻게 생각하느냐는 매우 중요하다. 기업 정체성에는 제품과 서비스에 깃든 정신Mind, 기업문화에 포함된 영혼Soul, 회사의 상징물과 대내외 커뮤니케이션 등의 발언Voice이 포함돼 있기 때문이다. 한 회사의 사업 재편 책임자라면 계산기를 두드리기에 앞서 스스로에게 물어야 한다. 한 부서에 소속된 구성원들 또한 치열하게 이 질문을 던져야 한다.

"우리는 과연 무엇을 하는 회사인가, 우리 부서는 무엇을 하는 부서인가?"

정체성은 회사뿐 아니라 개인에게도 중요하다. 회사와 마찬가지로 개인도 라이프사이클을 거치게 된다. 개인의 가치나 효용도 '태동기→성장기→성숙기→쇠퇴기'를 겪기 마련이다. 그러나 지금까지 대부분의 우리는 직업을 선택하거나 준비하는 진로 교육만 받았다. 성숙기를 맞은 인생이 제2의 진로를 모색하거나 새로운 성장곡선으로 갈아탈 교육의 기회는 거의 주어지지 않았다. 그런 만큼 이 준비는 스스로 해야 한다. 자신의 인생 CEO는 자신뿐이다. 우선 정말 하고 싶은 일을 고민해야 한다. 본인이 그동안 했던 일 가운데 가장 재미를 느낀 활동을 생각해보면 힌트를 얻을 수 있다. 재미와 보람을 느낀 일 가운데 수입으로 연결되는 방법을 찾는 노력이 필요하다.

예를 들어 커뮤니케이션 분야에서 일했던 사람이라면 번역이나 논술 지도 등의 분야로 눈을 돌릴 수 있다. 본인의 경험이나 강점을 활용해 특정한 주제에 대해 글을 쓰거나 강연, 코칭, 컨설팅 등도 생각해볼 수 있다.

자신이 공략할 특정 분야를 키워드로 꿈의 명함을 만들어보자. 《드림 소사이어티》라는 책을 쓴 롤프 옌센은 최고상상책임자Chief Imagination Officer라고 적힌 명함을 들고 다닌다. 우리들 중 상당수는 '이렇게 되고 싶다'거나 '이렇게 될 것이다'고 생각한다. 만약 꿈을 아직 발견하지 못했다면, 지금이라도 자신이 무엇을 할 때 가장 즐겁고 행복한지 생각해보자. 미래에 대해 치열하게 고민하다 보면 어렴풋이 꿈의 명함을 만들 수 있을 것이다. 꿈의 명함을 생각해냈다면 이를 현실로 만들기 위해 스스로에게 과제를 내주고 매일 조금씩 자체 훈련을 해보자. 꿈의 명함이 어느덧 자신의 정체성과 연결되고 있다는 체험을 하게 될 것이다.

신뢰가 전부다

직장 상사
사용 설명서

Never hate your enemies.
It affects your judgment.

너의 적들을 증오하지 말라.
증오는 합리적인 의사결정을 막는다.

• 영화 〈대부〉 3편 명대사

직장인의 영원한 숙제 '상사'와의 관계

'회사는 선택할 수 있지만 직장 상사는 고를 수 없다.'

직장인들에게 상사와의 관계는 영원한 숙제다. 직장 상사와 잘 지내는 법을 주제로 한 처세술 책이 서점에 차고 넘치는 것도 상사와의 관계를 단번에 처리해주는 해결책이 없기 때문일 것이다. 함께 일하고 있는 상사의 언행이 잘 이해되지 않는다면 주위 사람들에게 묻는 것과 동시에 인간행동에 대한 연구나 공부가 필요할지도 모른다. 인간 본성에 대한 개별적 지식을 확장할 필요가 있다. 주위 사람들을 계속 관찰한다면 의중을 읽고 그들의 세계관과 개성을 간파하는 능력이 키워진다. 인간 본성과 인간행동에 대한 지식을 쌓는 것도 필요하다. 직장 상

139

사 입장에서 생각해보면 미처 내 수준에서는 바라보지 못한 관점이나 해석 방식을 깨달을 수 있고 숨겨진 동기를 파악할 수도 있다.

'사람'에 대해 끊임없이 관심을 갖는 것은 매우 중요하다. 직급이 올라갈수록 맡겨진 일만 처리하는 태도에서 벗어나야 한다. 사람과의 관계를 중심으로 생각하고, 그 관계를 더욱 확장하고 깊게 하는 방법들을 고민해야 한다. 예를 들어 '왜 우리 부장은 그런 생각과 태도를 보일까' 또는 'K전무는 어떤 스타일이며, 어떻게 대해야 더 좋은 관계를 형성할 수가 있을까'를 생각하는 것은 우호적인 관계 유지를 위해 필요하다. 필요하다면 사람의 심리를 이해할 수 있는 다양한 진단 도구도 접하고 시간이 날 때, 짬짬이 인간 심리에 관한 공부를 하는 것도 좋다.

또한 상사가 잘못된 행동이나 내게 상처 주는 행동을 한다고 해서 흥분할 필요도 없고 불면으로 밤을 보낼 필요도 없다. 직장에서 남들로부터 과도하게 비난받을 때는 본인 스스로를 '구겨졌거나 찢어진 지폐'라고 여기는 것도 한 방법이다. 지폐는 누군가가 밟아서 구겨지거나 매우 낡았다고 하더라도 그 가치에는 변함이 없다. 마찬가지로 아무리 남들이 나를 비난하고 손가락질하더라도 나의 가치나 자존감은 변하거나 달라지지 않는다. 남들이 내게 가하는 자극은 내가 통제할 수 없다. 그러나 그 자극에 대한 나의 반응이나 대응하는 태도는 마음먹기에 따라서 얼마든지 통제할 수 있다. 외부에서 부정적인 자극이나 비난이 가해졌을 때, 나의 언행을 통제하면서 품격 있게 대응할 수 있다.

어느 정도 직장생활을 해보면 상사의 발언을 그대로 믿으면 곤란한 상황에 처한다는 것도 깨닫게 된다. 많은 상사들이 "한 건, 한 건 보고하지 말고 자율적으로 알아서 일을 처리하라"고 말한다. 그러나 이 말을 그대로 믿고 실천했다가는 뒷감당을 못할 수도 있다. 특히 중요한 결정을 내려야 하는 순간에는 반드시 미리 상사와 상의해야 한다. 별로 중요하지 않다고 여겨지는 일이라도 보고하는 게 뒤탈이 없다. 내가 생각하는 중요한 일과 상사가 생각하는 중요한 일의 기준이 다를 수 있다. 제때 보고하지 않을 경우 상사는 무시당했다는 느낌을 받을 것이고 곧이곧대로 자율적으로 일을 처리한 부하를 신뢰하지 않을 수 있다.

직장 상사 중에는 "나는 결과보다 과정을 더 중요하게 여긴다"고 말하는 사람이 있다. 그러나 이 말의 속뜻은 '과정을 중시하고 결과에 개의치 말라'는 이야기가 절대 아니다. 제대로 된 과정을 거쳐서 좋은 결과를 가져오라는 주문이다.

"나는 남들과는 다른 사람을 좋아한다"고 말하는 상사들도 있다. 이는 남들과는 더 나은 아이디어, 더 나은 결과물을 만들어서 가져오라는 의미다. 팀에서 혼자서 튀는 태도를 보이거나 이상한 행동을 해도 좋다는 의미는 아니다.

직장 상사가 "나는 공정한 평가를 한다"고 말할 때는 이를 그대로 믿으면 나중에 상처를 받을 수 있다. 상사 중에는 객관적인 정량적 평가보다는 주관적인 정성적 평가에 기우는 사람들이 많다. 최종 평가를 내리는 주체는 인공지능이나 로봇이 아닌 감정을 가진 불안정한 직장 상사이기 때문이다.

직장에서 멘토를 잘 만나는 것은 행운이다. 보통 선배(사수)와 후배(조수)의 관계로 만나는 경우가 많은데 선배가 중요하다. 우리는 좋아하는 사람의 말과 행동을 주의 깊게 관찰하고 그대로 흡수하고 따라하는 경향이 있기 때문이다. 우리의 거울 뉴런이 활발하게 반응하면서 피상적인 지식 전달을 뛰어넘는 스타일, 사고방식에 대한 배움이 이뤄진다. 강한 감정적 유대감이 형성되면 멘토는 자신의 비법과 전략을 당신에게 더 많이 알려줄 가능성이 크다. 멘토와 정서적으로 깊어지고 관계가 긴밀해질수록 당신이 더 효과적으로 배울 수 있다.

무례한 상사
대처법

지금은 고인이 된 구본형 변화경영연구소의 구 대표는《더 보스》라는 책에서 회사가 막무가내형 상사를 용인하는 2가지 이유를 꼽았다. 첫째는 최고경영자의 의도적 배치다. 둘째는 무책임한 방기다. 의도적 배치는 경영자가 충성도를 기준으로 중간관리자를 통제할 때 나타난다. 경영자가 회사 전체를 감시하고 통제하고 싶어 한다는 뜻이다. 따라서 야비하거나 무능하지만 맹목적인 충성심이 가진 저질 중간관리자들을 필요한 자리에 배치한다. 이는 히틀러가 친위대나 비밀경찰을 육성했던 방법이다.

협상 전문가인 로널드 샤피로Ronald M. Shapiro와 마크 얀코프스키

Mark A. Jankowski는 거칠고 무례한 막무가내형 상사를 크게 상황적 막무가내형과 전략적 막무가내형으로 나누고 각각의 대응법을 조언했다. 상황적 막무가내형은 보통 때는 점잖고 합리적이지만 특정 상황에선 불같이 화내거나 과민반응을 보인다. 이들에게 무방비 상태로 있다가는 갑자기 난처한 상황에 처할 수 있다. 이 유형에게는 감정을 자제해야 한다. 상사는 자신이 처한 상황과 환경 때문에 화를 내고 있는지 모르기 때문이다. 대들지 말고 그저 소나기를 피한다는 심정으로 심호흡을 하면서 냉정과 침착함을 유지하자. 상사의 분노가 잦아든 후에는 왜 화를 냈는지 묻고 비슷한 상황이 발생한다면 자신은 어떤 행동을 취할지 고민해본다.

전략적 막무가내형은 일부러 거칠고 무뚝뚝하고 공격적으로 대한다. 그렇게 제멋대로 구는 것처럼 보일 때 동료나 부하 직원에게 더 많은 것을 얻을 수 있다는 것을 알기 때문이다. 이들은 마감시간을 불합리하게 정해서 몰아붙이거나 2가지 중 하나를 선택하도록 강요한다. 그러나 상사가 이렇게 촉박한 마감시간을 제시한 경우에는 더 좋은 결과물을 내려면 기간 연장이 필요하다고 당당히 밝혀야 한다. 회의실 등 물리적 환경을 통제하려는 경우에는 조금 편한 장소에서 대화하자고 제안하는 것도 좋다. 이 유형은 자신의 손해나 이익에 대한 계산이 빠르므로 합리적 제안을 거절하지는 않는다. 생각할 시간을 요구하며 구속된 상황에서 재빨리 벗어나야 한다. 전략적 막무가내형에게는 경고해야 한다. 그대로 있으면 계속 똑같은 방식으로 불쾌하게 대우하고 거칠게 대할 것이기 때문이다. 더 좋은 방법으로 일하기 위해서는 전략적으로 생각하고 행동할 필요가 있다.

만약 폭군 같은 상사가 고함을 지르거나 불같이 화낼 경우 어떻게 해야 할까? 아무리 상사지만 고함지르고 화를 내는 행동은 언어폭력이며 일종의 학대라는 점을 인식시켜야 한다. 이는 본질적으로 재벌 3세들의 갑질과 다를 바 없기 때문이다. 부하 직원도 인간으로서 존중받을 권리가 있다. 많은 부하 직원들은 화난 상사를 볼 때, 대개 겁을 내거나 상사의 분노를 누그러뜨리려고 한다. 그러나 특별히 본인 잘못이 없고 사과할 필요가 없는 경우에는 상사를 달래지 않는 편이 낫다. 사과하고 달랠 경우, 상사는 자신의 행동에 문제가 없고 그런 행동을 해도 괜찮다고 생각할 수 있다. 상사가 불합리하게 계속 화를 낸다면 문제가 된 상황을 단절시켜야 한다. 양해를 구하고 자리를 뜨거나 전화를 끊어야 한다. 이렇게 하는 것이 상사가 나를 더 학대하는 것을 막고 상사의 존엄이 더 구겨지지 않도록 배려하는 방법이기도 하다.

그러나 상사 때문에 화가 난다고 해서 주변에 있는 많은 직장 동료에게 섣불리 이야기하는 것은 일단은 자제하는 편이 낫다. 나중에 후회할 상황이 생길 수도 있다. 상황이 정리된 다음, 우선은 문제 원인이나 배경에 대해 상사와 상담할 필요가 있다. 다만 반복적으로 화를 낸다면 다른 부서로의 이동을 포함해 그 상사와 결별해야 한다.

폭군 같은 상사로부터 나를 지키기 위해서는 내가 맡은 일에 대한 장악력을 높여야 한다. 상사가 나의 전문성에 의존하도록 만들어야 한다. 내가 떠나는 것이 상사에게도 손실이라는 사실을 깨닫도록 말이다. 회사 내 폭군 같은 상사에 대항할 세력을 결집시켜 작은 힘들을 모으는 것도 하나의 대항 방법이다. 상사와 싸움이 전개되는 동안에는 감정이 격해져서 회사를 때려치우고 싶은 충동을 느낄 수 있다. 그러나 전선을 넓히지 말고, 폭군 상사 한 명에게 좁혀야 한다. 폭군형 상사와는 싸우지 않는 게 가장 좋지만 일단 싸움을 시작했다면 적당히 물러서거나 어물쩍 넘어가서는 곤란하다. 종전과 똑같이 좋지 않은 상황이 지속되거나 오히려 막무가내 상사의 괴롭힘이 더욱 교묘하거나 야비해질 수 있기 때문이다.

중요한 것은 회사나 상사와 싸울 때 평판이 망가지지 않도록 주의해야 한다. 최대한 자신의 평판을 지켜가면서 싸우려는 노력이 필요하다. 다시는 안 볼 사람에게 대하듯이 전투적이고 대립적인 자세를 취해서는 곤란하다. 남들과 도심 한가운데서 치고받고 싸운다면 그것은 폭행이나 막싸움이다. 그러나 복싱이나 이종격투기처럼 링 안에서 규칙에 따라 싸운다면 이것은 스포츠다. 마찬가지로 본인의 모든 것을 걸고 죽기 살기로 싸울 경우 가장 먼저 많은 피해를 입는 것은 결국 자신이다. 극단적인 행동을 취하고 싶은 본능을 최대한 자제하며 침착하고 적절하게 예의를 지키려고 노력해야 한다.

상사 유형별
맞춤 대응법

EBS에서 방영한 '다큐프라임, 설득의 비밀'에서는 원만한 직장생활을 위해서는 상사가 어떤 유형에 가까운지 파악할 것을 제안한다. 상사 유형을 파악하면 상사가 싫어하는 방식의 소통은 피하고 선호하는 소통 방식을 구사할 수 있다. 상사는 크게 4가지 유형으로 나눌 수 있다. 물론 이는 편의상 4가지S-C-A-F로 나눈 것에 불과하며 많은 사람들은 이 유형 가운데 2~3가지 성향을 동시에 갖고 있다. 상사가 처한 상황이나 환경에 따라서 다른 유형으로 비춰지기도 한다.

먼저, 자기표현형은 활달한 외향형이다. 말이 많고 자기표현을 잘한다. 이 유형의 상사라면 칭찬 등을 통한 과시욕을 자극

상사 성향에 따른 대응법

유형	성향	대응법
자기표현형 Speaker형	말이 많고 자기표현을 잘하는 활달한 외향형	적절한 칭찬으로 과시욕을 자극하거나 감정에 호소하는 전략이 효과적임
관계중시형 Carer형	사람이 좋다는 평을 들으며 타인의 말에 수긍을 잘하는 유형	상사의 말 속에 숨겨진 욕구나 진심을 파악해서 그 부분을 충족시켜줘야 함
성취중시형 Achiever형	사람과의 관계보다 업무 성과와 결과를 중시함. 자기주장이 강함	우선적으로 성과와 좋은 업무 결과를 보여주는 것이 중요함
분석가형 Finder형	기록을 잘하고 숫자를 중시함. 업무 상황을 계속 점검하고 분석함	숫자로 표현된 데이터를 제공하고 분석적인 해결방안을 제시해야 함

출처: EBS 다큐프라임, 설득의 비밀

하거나 감정에 호소하는 전략이 잘 먹힐 수 있다. 적당하게 비위를 맞춰서 어색하지 않은 분위기를 맞추면 좋다.

관계중시형은 EQEmotional Quotient가 높아서 다른 사람의 상황에 감정이입을 잘하며 남의 말에 수긍도 잘 하는 편이다. 인품이나 인성이 좋다는 이야기를 많이 듣는다. 낯선 사람과 만나는 것보다는 기존에 알고 지내는 사람들과 잘 지내는 것을 중시한다. 이 유형의 상사는 적절하게 맞장구를 치면서 분위기를 맞춰주거나 자신의 말 속에 감춰진 진심이나 숨겨진 욕구를 파악해서 그 부분을 충족시켜주면 좋아한다. 이 유형의 상사에게는 긍정의 'Yes'라는 답변이 나오도록 유도하는 게 필요하다. 예를 들어 "오늘은 참 화창한 날씨네요"라고 말을 건넨다. 그러면 상사는 "그렇네"라고 동의하기 쉽다. 그 후에도 상사와 우호적인 관계를 확인해주는 긍정적인 질문을 이어서 던진 후 본론을 꺼내면 상사가 내 주장에 동의하거나 요청을 수락할 가능성이 조금이라도 더 커진다.

성취중시형은 사람들과의 관계를 생각하기보다는 업무 중심적이다. 부하들이 일을 처리하는 과정이나 일을 대하는 동기보다는 업무 결과나 성과물에 관심이 많다. 자기주장이 강하거나 남을 밀어붙여서라도 목표를 달성하려는 경향이 강하다. 이 유형의 상사에게는 인간적으로 호소하거나 좋은 관계를 유지하려고 노력하기보다는 성과나 업무 결과를 보여주는 것이 중요하다. 부하들이 좋은 성과를 올림으로써 상사가 인정받고 승진한다는 생각이 강한 만큼 이 부분의 욕구를 우선적으로 충족시켜줘야 한다.

분석가형은 업무 상황을 끊임없이 점검하고 분석한다. 기록을 잘하고 숫자에 기초한 구체적인 데이터를 중시한다. 감정표현이 적어서 상대적으로 본심을 파악하기가 쉽지 않고 상대적으로 설득하기도 어렵다. 이 유형의 상사는 최대한 숫자로 표현된 데이터를 제공할 필요가 있다. 객관적이고 분석적인 자료를 토대로 구체적인 해결방안이나 대안을 제시하는 부하를 인정해주는 타입이기 때문이다.

직장생활을 하다보면 필연적으로 상사에게 설명하거나 설득해야 할 일이 생긴다. 상사를 설득할 때는 3가지 점에 유의해야 한다. 첫째, 상사의 입장에서 현재 부하 직원이 제기한 이슈가 얼마나 중요한가를 따져봐야 한다. 상사가 현재 처해 있는 조직 안팎의 상황에서 해당 프로젝트가 얼마나 중요한지 경중을 따져보라는 이야기다. 둘째, 프로젝트가 실패할 경우 상사에게 돌아갈 피해를 생각해봐야 한다. 대부분 회사는 프로젝트가 실패하면 누군가에게 책임을 묻게 된다. 당연히 부하에 비해 상사의 책임이 무겁다. 따라서 해당 프로젝트가 실패했을 때 상사에게 어떤 불이익을 돌아갈지 한 번 더 고민해보면 해당 안건의 중요도를 느끼게 된다. 마지막으로 상사가 생각하고 있는 시기나 타이밍도 고려해보자. 해당 프로젝트에서 당장 효과가 나오기를 원하는지, 통상적인 기업 인사 시기인 연말에 가깝게 완료되더라도 결과물이 근사한 것을 원하는지를 파악해둘 필요가 있다. 부하 직원에게는 아주 시급한 프로젝트라도 상사는 이미 진행 중인 더 중요한 프로젝트들이 존재할 수 있다. 그런 만큼 상사가 생각하고 있는 타이밍을 파악하는 것은 상사를 설득하기 위한 전략을 짜고 실행하는 데 중요하다.

기업 총수가 아닌 경우라면 누군가의 상사이기도 하고 누군가의 부하이기도 하다. 갑을관계가 뚜렷한 상황에서는 '갑'으로 있거나 '상사'로 있을 때는 가능하면 피해야 할 설득 방법도 있다. 우선 직책이나 서열관계를 이용한 설득은 엄밀한 의미에서는 설득이 아닌 요구나 강압에 가깝다. 설득은 서로를 인정하고 의견을 절충해서 내가 원하는 것과 상대방이 원하는 것의 접점을 넓히는 상생Win-Win을 추구하는 과정이기 때문이다. 이 같은 방식이 단기적으로 통할지는 몰라도 장기적으로는 외면받기 마련이다. 자신이 상사라도 갑작스런 경고나 협박에 가까운 발언은 삼가는 게 좋다. "이런 상태라면 나는 일을 같이 할 수 없다"라거나 "이걸 못 해내면 나랑 일하는 것은 어렵다"는 말이 여기에 해당된다. 이런 발언은 사실상 위협이다. 내가 한 발언에 상대방이 납득하거나 수긍하고 서로 의견 교환을 통해 자발적인 행동 변화를 일으킬 때 지속적인 설득 효과가 나타난다. 만일 직장 상사가 상대방에게 선택권을 주지 않고 매몰차게 밀어붙이기만 할 경우에는 부하들의 근로의욕이 저하되고 부서의 사기가 떨어져 이직하겠다고 나서는 사람도 생길 수 있다.

직장 상사는
왜 나를 싫어할까?

　　직장에서는 부하 직원들이 모여 상사나 선배에 대한 뒷담화를 하는 경우가 있다. 그러나 상사들도 후배들의 업무능력부터 개인적인 소문에 이르기까지 평가하고 서로 공유하는 경우가 많다. 상사 입장에서는 자신을 대신해 일을 잘 해낼 수 있는 사람을 데려오는 것이 매우 중요하다. 같은 부서에 있었거나 한 번이라도 함께 일한 직원에 대해서는 성격과 실력을 어느 정도 파악한다.

　　그러나 회사 행사에서 한두 차례 얼굴만 본 직원을 평가할 근거가 없는 만큼 그 직원과 함께 일한 사람들의 평가에 의존하기 마련이다. 상사들이 모여서 부하 직원들의 평판에 대해 이야기를 나누면서 두루두루 칭찬을 듣는 후배에게 중요한 자리를 맡기기로 암묵적인 의견 접근이 이뤄지기도 하고 자신의 부서에 데려올 사람을 미리 생각해놓기도 한다. 반대로 최대한 피해야 할 후배로 생각하고 마음속 블랙리스트에 올려놓기도 한다. 일이 서툰 후배는 가르치면 되지만, 윗사람이나 동료들과 함께 일하는 방법을 모르거나 잘못된 태도를 가진 후배는 가르친다고 해서 단기간에 좋아지기 어렵다는 것을 많은 상사들은 경험적으로 알고 있기 때문이다. 상사들의 블랙리스트에 오르지 않기 위해서는 회사 내 인기가 많은 상사에게 찍혀서는 안 된다. 인기가 많은 회사 간부가 하는 말에는 많은 사람들이 귀를 기울인다. 만약 어떤 특정 후배에 대해 혹평을 한다면 다른 사람들의 마음속에도 특정인은 '요주의 인물'로 찍힐 수 있다.

상사를 대할 때 가장 중요한 덕목은 태도와 매너다. 미국 컬럼비아대학 MBA 과정에서 기업 CEO들을 대상으로 '당신의 성공에 가장 큰 영향을 끼친 요인이 무엇인가'를 물었다. 그러자 응답자 93%가 '대인관계 매너'를 꼽았다. 나머지 7% 응답자만이 실력이나 운 등을 꼽았다. 미국 하버드대학과 카네기연구소의 공동 조사에서도 비슷한 결과가 나왔다. 어느 직업에서든지 전문지식이나 기술, 능력이 승진이나 인생의 성공에 미치는 영향은 15% 안팎에 불과했다. 나머지 85%는 태도나 매너를 비롯한 인간관계 능력을 꼽았다.

상사의 기분을 살피고 생각이나 입장을 배려하는 태도는 우호적인 관계 구축을 위해서 매우 중요하다. 이를 위해서는 현재 자신보다 두세 단계 높은 직급에 있는 사람의 안목이나 관점에서 생각해보는 게 필요하다. 이른바 헬리콥터 뷰Helicopter View를 갖는 것이다. 자신이 과장이라면 차장을 넘어서 부장, 상무 입장에서 생각해보면 현재 하고 있는 일을 어떻게 처리해야 할지 보다 분명해진다. 당장 본인의 일이 많아지고 귀찮고 손해를 보더라도 장기적으로 무엇이 회사와 부서에 유익한지 볼 줄 알아야 한다. 적당주의와 타협하지 않고 중간에 포기하지 않으며 본인이 속한 팀보다 큰 단위, 부분보다 전체를 생각하는 사람이 결국에는 리더가 되고 해당 조직을 이끌게 된다. 이런 태도를 연마한 사람은 상사는 물론 후배들 사이에서도 신뢰를 얻기 마련이다.

직장생활 이벤트 가운데 하나는 회식이다. 일각에서는 회식을 '나는 원치 않지만 내가 빠지면 외톨이가 될 것 같아서 참석해주는 모임'이라고 정의한다. 실제로 우리나라 직장인 10명 중 6명은 회식을 부담스럽게 여겼다. 취업포털 사람인이 직장인 989명을 대상으로 조사한 결과에 따르면 56.6%가 회식이 부담스럽다고 응답했다. 회식이 부담스런 이유를 묻자(복수응답), 10명 중 6명이 '퇴근 후 개인시간을 가질 수 없어서'라고 답했으며 5명은 '불편한 관계의 사람과 함께 하기 때문'이라고 답변했다. 가장 부담스런 회식 유형으로 술자리를 꼽는 응답자가 10명 중 무려 9명에 달했다.

이처럼 싫은데도 술자리 회식에 거의 대부분 참석하는 이유는 뭘까? 모두들 참석하는 회식에 빠지지 말아야 상사나 동료와의 관계가 원만하게 유지된다고 생각하기 때문이다. 수면시간을 제외하고 하루 활동시간의 절반 이상을 차지하는 직장은 물리적으로나 정신적으로 직장인에게 매우 중요한 공간이다. 한국 직장은 서양에 비해 조직에 대한 의존도가 높고 소속감이 강하다. 직장에서 외톨이가 되는 것은 곧 사회적으로 매장당했다고 느낄 수 있다.

자신이 속한 조직의 조화를 위해서는 상사들의 체면과 명분을 살려줘야 한다. 상사의 생각이나 행동을 바꾸려면 상사의 숨겨진 니즈를 파악하는 노력도 필요하다. 상사가 내건 대의명분이나 말을 곧이곧대로 믿고 이것에만 얽매인다면 속마음을 제대로 읽지 못해 자칫 '눈치 없는 부하'로 분류될 수 있다. 상사와의 협의나 상담을 하고 싶은 이야기만 하는 자리로 착각하는 사람들이 있다. 그러나 상사의 입장에서 생각해보자. 후배가 하는 이야기가 그다지 관심이 있거나 듣고 싶은 이야기가 아닐 가능성이 크다.

상사의 의사소통 방식을 파악하려는 노력은 직장인에게는 필수다. 상사의 말투나 행동을 관찰하면 상사의 가치관, 경험 등을 짐작할 수 있다. 성별에 따른 차이점도 발견된다. 많은 남자 상사들은 서론에는 관심 없고 즉시 본론이나 결론을 말하길 원한다. 그러나 상당수 여자 상사의 경우 서론이나 배경 설명을 한 후에 본론을 이야기하는 소통 방식을 선호하는 경향이 있다. 상사의 소통 방식을 파악했다면 자신의 선호와는 상관없이 맞춰야 한다.

사회초년생들이 간과하는 행동 중 하나는 공식 석상에서 상사의 소통 방식 문제를 제기하거나 지적하는 일이다. 이는 직장인의 정당한 요구로 여겨질지도 모르지만, 자칫하면 상사의 감정을 건드리게 된다. 아무리 마음씨 좋아 보이는 상사라도 사람인지라 감정에 상처를 입으면 응어리가 생긴다. 마음속 상처는 갈등으로 커질 수도 있다. 만일 상사와 갈등을 빚었다면 갈등 원인과 이로 인한 파급효과까지 따져봐야 한다. 갈등 해결을 위해서는 상사와의 관계를 체계적이고 포괄적으로 분석해야 한다.

예를 들어 A팀장 밑에는 업무처리 능력이 뛰어난 B대리가 있다. 그러나 A팀장은 회사 전체 차원에서 중요하게 발족될 태스크포스에서 B대리가 아닌 평범한 능력을 가진 C대리를 추천했다. 이는 같은 부서에 있는 사람들의 예상을 벗어난 결정이었다. B대리는 이에 대해 공개적으로 강력하게 항의했으며 A팀장과 관계가 극도로 나빠졌다. 두 사람의 사이가 틀어진 결정적 계기는 TF 추천 건이다. 그러나 두 사람 사이에는 일찍부터 불신이 싹텄다. A팀장은 평소 B대리가 신속한 업무처리 능력을 뽐내거나 지각을 하거나 빨리 퇴근하는 태도가 내심 못마땅했다. B대리는 겉으로 드러내지는 않았지만 A팀장이 실력은 없고 과거 무용담이나 늘어놓는 권위적인 '꼰대'라고 생각했다. 두 사람 사이에는 그동안 보이지 않게 쌓아온 불신의 벽이 존재했던 셈이다. 이런 일을 미리 방지하기 위해서는 평소에 나와 상사 사이 관계의 질을 점검해보는 노력이 필요하다. 신뢰가 깨지면 관계도 어긋나기 때문에 우선적으로 신뢰를 쌓고 유지하려는 노력이 필요하다. 신뢰 수준이 낮은 상황에서는 사소한 문제로도 불신과 오해가 쌓이고 부정적인 감정이 서로에 대한 비판과 적대적 행동으로까지 번지기 쉽기 때문이다.

우리 주위에는 "아무리 노력해도 상사의 평가가 좋아지지 않아요"라고 불평하는 사람들이 있다. 그러나 잠시 노력하는 것을 멈추고 생각해볼 필요가 있다. 상사가 나를 싫어하는 '진짜 이

유'를 찾는 노력이 더 필요하다. 어쩌면 나는 상사가 싫어하는 방법을 고집하면서 상사의 눈에 들기 위해 노력하고 있다고 착각할 수 있다.

예를 들어, 같은 팀 사람들보다 늦게까지 야근하는데도 상사로부터 평가가 높지 않다면 행동을 한번 돌아봐야 한다. 어쩌면 늦은 야근 때문에 아침에 늦잠을 자고 다음날 지각한 것이 원인일 수도 있다. 아무리 늦게까지 남아서 야근하더라도 지각하게 되면 상사의 평가가 좋을 리가 없다. 내가 아무리 노력해도 상사가 나에 대해 나쁜 평가를 내리게 된다. 심리학에서는 이를 '혼즈 효과'라고 부른다. 자신의 마음에 들지 않는 부분이 조금이라도 있는 사람에 대해서는 전체를 나쁘게 보는 경향을 있음을 말한다. 만약 자신은 나름대로 노력하고 있는데도 자신에 대한 상사의 평가가 그다지 우호적이지 않다면 한 번쯤 혼즈 효과를 떠올릴 필요가 있다.

많은 직장인이 의외로 간과하는 항목이 상사에 대한 배려와 일정한 예의를 갖추는 것이다. 어느 직장에서나 환영받는 유형의 후배가 있다. 눈치가 빨라서 상사 성향을 파악해 상사가 좋아하는 일을 하고, 싫어하는 일은 가급적 삼가려는 후배. 세상의 모든 상사들은 이런 센스 있는 후배를 선호하기 마련이다. 인사시즌이 되면 조직 내 많은 상사들이 이런 후배에게 러브콜을 보낼 것이다. 이 후배는 부서를 골라서 가는 특권을 누릴 수 있다.

상사에게서 배울 점을 찾고, 그것을 배우려고 노력하는 자세도 중요하다. 상사에게 물어보는 것을 망설여서는 안 된다. 정확하게 의사소통을 하면서 상사에게 물어보고 최선을 다하는 모습을 보여라. 상사가 성공하도록 밀어주고 적극적으로 도와주는 것이 동서고금을 막론하고 어느 직장에서나 상사의 기분을 좋게 하는 묘약이다. 상사도 사람인지라 고마움과 존경심을 표하는 후배가 밉지 않은 것은 인지상정이다. 특히 상사에 대한 불평불만을 외부 사람에게 표시하는 것은 금기사항이다. 잠깐 스트레스가 해소될 수는 있지만 그 자리에 있던 사람들은 뒷담화를 하는 사람을 불평불만자로 기억할 수도 있다. 상사의 험담을 하고 싶어진다면 《탈무드》에 등장하는 격언을 되새겨야 한다.

'살인은 한 사람을 죽이지만 험담은 세 사람을 죽인다. 즉, 험담을 말하는 사람, 그 험담을 들은 사람, 험담의 대상이 되는 사람에게 피해를 입힌다.'

남에게 좋은 인상을 주려고 할 때는 적극적 전략이나 방어적 전략을 구사할 수 있다. 적극적 전략이란 남이 나를 좋아하도록 적극적으로 행동하는 전략을 말한다. 친절을 베풀거나 내가 먼저 나서서 인사를 건네는 행동이 여기에 해당한다. 방어적 전략은 '미움 받지 않도록' 행동하는 전략이다. 남이 말한 것을 곡해하지 않고 있는 그대로 받아들이거나 겸허한 태도를 취하는 것이다. 실패 확률을 줄이기 위해 적극적 전략보다는 방어적 전략을 선호하는 사람도 있다.

남에게 좋은 일을 많이 해주더라도 상대방이 싫어하는 행동을 한 번이라도 한다면 그동안 쌓아올린 공든 탑이 순식간에 무너질 수도 있다. 예를 들어 직장 선배에게 그동안 야근 때 도와주거나 보고서 대신 작성 등 서너 차례 좋은 일을 해줬다. 그런데 그 후에 딱 한 번, 복도에서 한눈팔다가 마주친 선배에게 눈인사도 하지 않고 그냥 지나쳤다고 치자. 단순히 횟수만 놓고본다면 지금까지 서너 차례 선의의 행동을 했기 때문에 한 번 정도는 괜찮을 것으로 생각할 수도 있지만 선배 입장에서는 꼭 그렇지만도 않다. 비록 한 번이라도, 미움 받을 행동을 하면 그이전에 선의를 담은 행동을 했더라도 물거품이 돼 버린다. 인간은 남이 해준 좋은 일은 금방 잊어버리지만 싫어하는 행동은 오랜 기간 마음에 담아두는 특성이 있기 때문이다. 그런 점을 생각하면 직장 내에서는 '남이 나를 좋아하도록' 하는 것보다는, '나를 싫어하지 않도록' 하는 것이 더 중요하다.

뒷담화는
발언자부터 공격한다

회식 자리에서 술을 마실 때 그 자리에 없는 상사나 후배들을 험담하는 사람들이 있다. 그러나 이런 자리일수록 더욱 주의해야 한다. 함께 험담을 했다는 사실이 당사자 귀에 들어갈 경우 예상치 않게 오해를 사거나 피해를 입을 수 있기 때문이다. 따라서 가급적 회식 자리에 없는 사람에 대해서는 험담을 포함해서 좋지 않은 이야기는 하지 않는 것이 좋다.

미국 오하이오주립대학 존 스코우론스키 교수에 따르면 사람에 따라서는 타인으로부터 험담을 들을 경우, 험담의 대상이 된 인물이 아닌 험담하는 사람을 싫어하는 경향을 보인다고 한다. 남에 대해 험담하는 이야기를 들으면서 무의식중에 험담의 대상이 되는 사람과 험담하는 사람을 연결 지어 생각하는 경향이 있기 때문이다. 다른 사람에 대한 험담할 때는 좋지 않은 인상이 자신에게 돌아올 수 있는 만큼 조심해야 한다.

남에게 불쾌감을 주는 '무의식적 행동'을 고치는 것도 갈등을 줄이는 데 도움이 된다. 예를 들어 회의 도중에 무심코 펜을 손가락으로 돌리면서 이야기하는 사람이 있다. 또는 사무실에서 습관적으로 양쪽 발을 떨면서 일하는 사람, 식사할 때 '쩝쩝'거리는 소리를 내면서 먹는 사람도 있다. 이는 직장뿐 아니라 집에서도 적용된다. 남편이 화장실 변기 커버를 올린 채로 방치하거나 양말을 집 안 아무 데나 벗어둔 것이 못마땅해 지적했다가 큰 부부싸움으로 번졌고 결국 이혼에 이르렀다는 커플이 실제로 있을 정도다. 한두 번이라면 못 본 척하고 참고 넘어갈 수 있지만 그런 모습을 계속해서 보고 있는 주위 사람들은 신경이 쓰이고 짜증나는 경우도 있다. 특히 이런 모습을 상사나 배우자가 지적했는데도 고쳐지지 않을 경우, 자신을 무시했다고 생각해서 갈등으로 번질 수도 있다. 이런 종류의 스트레스를 '마이크로 트라우마micro trauma'라고 부른다. 주변 사람들이 불쾌감을 느낄 수 있는 마이크로 트라우마는 사소한 습관이지만 고치지 않을 경우 결코 사소하지 않은 결과를 야기할 수 있다.

미국 하버드대 특별 연구원인 빌 나글러와 공동 연구원인 앤

163

안드로프에 따르면 인간관계를 파멸로 이끄는 것은 지극히 사소한 것이다. 마이크로 트라우마 같은 작은 것들이 계속 쌓이면서 직장 또는 가정에서 인간관계가 틀어지게 된다. 문제는 나의 어떤 언행이 상대방의 눈에 거슬리는지 잘 깨닫지 못한다는 점이다. 따라서 동료들과 카페에서 커피를 마시거나 한두 사람과 식사하러 갈 때 혹시 사람들의 눈에 거슬리는 자신이 행동에 대해 살짝 물어보는 것도 방법이다. 대수롭지 않게 버린 담배꽁초가 큰 산불로 번지는 경우가 있듯이, 인간관계에서도 내가 무심코 던진 말이나 의도치 않게 나오는 습관적인 행동이 남에게는 스트레스 원인이 될 수도 있다는 점을 자각하고 주의하는 노력이 필요하다.

회사 내 직급에 따라서 사람들이 중요하게 평가하는 기준이 달라지기도 한다. 일반적으로 부장이나 초급 임원이 되기까지는 그 사람이 지닌 강점이 중요하게 평가된다. 실제로 대부분의 부장들은 강점을 인정받아서 임원이 된다. 그러나 임원이 된 대부분의 사람들은 수많은 장점을 갖고 있는 만큼 감점이 없는 것이 더욱 중요하다. 감점 요인을 지닌 임원은 상대적으로 하자가 있는 것처럼 생각돼 임원들 사이에서 두드러져 보이기 때문이다. 따라서 고위직으로 갈수록 감점 관리를 잘해야 한다. 열 번 잘해도 한 번 잘못하면 크게 비난받을 수 있기 때문이다. 평소에는 잘하는데 중요한 순간에 실수하는 사람들이 여기에 해당된다. 반면, 평소에는 그다지 돋보이지 않는데 결정적인 순간에 집중력을 발휘해 멋지게 일을 해내는 사람들이 있다. 그러면 주위 사람들도 그 사람을 다르게 바라본다.

많은 사람들은 특정인의 부정적인 측면만을 확대 해석해서 전체를 부정적으로 평가하기도 한다. 따라서 혹시 자신의 행동이나 버릇 중에서 다른 사람 눈으로 봤을 때 거슬리는 게 있는지, 평소 가까운 사람들에게 물어보거나 스스로 관찰해보는 것도 중요한 평판관리 기술이다.

회사를 관두기 전
생각해야 하는 3가지

'받아들이거나, 바꾸거나, 떠나거나'

대부분의 직장생활을 하는 사람들에게는 크게 3가지 선택이 놓여 있다. 어렵고 힘든 현실을 받아들이거나, 상황을 개선되도록 바꾸거나, 그만두고 다른 곳으로 옮기는 것이다. 바꾸고 싶지만 바꾸지 못하는 것, 떠나고 싶은데 떠나지 못하고, 그렇다고 받아들이지도 못한다면 그건 좋은 선택이 아니다. 무기력한 상태로 하루하루를 때우는 삶에 가깝다.

직장인이라면 누구나 다른 직장으로 옮기는 것을 수없이 고민한다. 그동안 수많은 후배들의 전직 고민을 들었다. 이들 중에는 다니던 직장에 머문 경우도 있었지만 새로운 직장으로 옮긴 사람도 많았다. 이렇게 전직한 후배들을 종종 연락해서 만난다. 본인에게 더 어울리는 새로운 직장이라고 말한 사람도 있지만, 일부는 성급한 결정을 내려 후회하기도 한다. 자존심을 버리고 아예 과거의 직장으로 재입사하는 경우도 심심찮게 목격했다. 이런 과정을 지켜보면서 전직에 대한 기준이 생겼다.

첫 번째 원칙은 '잘 알고 있는 문제를 피하기 위해 전혀 모르는 문제로 옮겨가지 말라'다. 대학 후배인 C는 대형 증권회사에 다녔다. 10년이 지난 시점에서 실적에 대한 압박을 느꼈다. 특히 자신의 지점장과 갈등이 심했다. 이 지점장은 해당 지점의 직원 가운데 본인의 마음에 들지 않는 직원을 찍어 회의시간에 집중적으로 추궁하거나 남들 앞에서 지적하는 스타일이었다. 한 명의 직원을 희생양으로 삼아 지점 전체에 긴장감을 불어넣고 군기를 잡는 방식이다. 어느 월요일 회의 때 C는 지점장의 과도한 비판에 더 이상 참을 수 없었다. 결국 "잔소리 좀 그만하세요. 더 이상 참을 수 없네요. 이 회사 때려치우면 그만이죠"라고 말한 뒤 문을 박차고 사무실을 나가버렸다. 그날 저녁 부지점장에게서 만나자는 전화가 왔지만 끝내 회사에 나가지 않았다. 그 후 헤드헌터를 통해 다른 회사를 알아보았으나 쉽지 않았다. 결국 6개월가량 시간이 지난 후 외국계 생명보험사의 보험설계사 일자리를 얻었다. 그러나 그가 맞닥뜨린 현실은 종전

167

직장에 비해 더욱 냉혹했다. 처음에는 친구나 친척들이 만나주고 일부는 보험상품에 가입해줬지만 점점 피하는 사람들이 늘어났다. 결국, 보험설계사 일도 1년을 채 버티지 못하고 그만뒀다. C의 가장 큰 패착은 당시 싫어하던 문제에만 초점을 맞추고 자신의 감정을 제대로 추스르지 못한 점이다. 제대로 준비가 안 된 상태에서 일단 사표부터 던졌다. 자신이 느끼고 있던 상사의 문제를 피하기 위해 전혀 모른 분야로 경솔하게 뛰어들었다. C처럼 상사와의 갈등 때문에 회사를 그만두는 사례는 가장 피해야 하는 시나리오다. 함께 일한 상사라면 그 사람에 대한 문제점도 잘 알고 후배들 사이에서도 이런저런 대처법이 공유된 경우가 많다. 그러나 이직을 해서 새롭게 만나게 될 상사에 대해서는 아는 것도 없고 우군도 없다. 고립무원 처지에 놓일 가능성이 크다.

헤드헌터들 사이에는 '어떤 직장이든 상사는 모두 같은 편이다'는 말이 통용된다. 전직을 위해 새로운 직장을 알아볼 때 면접관들이 반드시 물어보는 질문이 '왜 해당 조직을 떠났는가?'와 '그곳 상사와의 관계는 어땠는가?'다. 모든 상사들은 부하 직원을 비슷한 관점에서 바라보고 평가한다. 취업난 때문에 입사하려는 사람이 줄을 서서 대기하는 마당에 동료나 상사들과의 관계가 원만하지 못한 구직자를 뽑아줄 회사는 없다. 모든 상사는 일도 잘하고 주위 사람들과 관계도 원만하게 맺고 열정과 끈기를 갖춘 후배들과 함께 일하고 싶어 한다.

두 번째 원칙은 '수요공급을 고려하라'다. 직장인은 자신의 노동력과 시간을 제공하고 급여를 받는다. 자신이 할 수 있는 일의 종류와 그 일의 품질이 자신이 내놓을 상품이다. 이 상품을 구입해줄 조직이 있을 때 비로소 취업이 된다. 같은 업종에 종사하는 평균적인 사람들에 비해 뛰어난 재능을 가졌거나 대체하기 어려운 노하우를 지니고 있다면 채용하려는 회사가 많을 것이다. 그러나 C의 사례가 보여주듯 자신이 갖춘 능력이나 경험을 구매해줄 고객도 확보되지 않은 상태에서 섣불리 사표를 내는 것은 피해야 한다.

성공 신화를 담은 책이나 자기계발 강연에서는 열정과 의지만 있으면 불가능은 없다고 말한다. 과연 그럴까? 미국 경영전략가로 베스트셀러《좋은 기업을 넘어 위대한 기업으로》를 저술한 짐 콜린스는 스톡데일 패러독스Stockdale paradox를 기억하라고 조언한다. 이는 포로 생활을 한 미군 장교 제임스 스톡데일James Bond Stockdale의 이름에서 유래한다. 스톡데일은 베트남 전쟁 때 1965년부터 1973년까지 동료들과 포로로 잡혀 있었다. 포로 생활 중 냉혹한 현실을 직시하며 대비한 그는 살아남은 반면 대비 없이 그저 상황을 낙관한 동료들은 계속되는 상심을 이기지 못

169

하고 죽었다. 포로수용소에서 크리스마스 전에는 나갈 수 있을 거라고 막연하게 믿었던 비현실적 낙관주의자들은 크리스마스가 지나자 부활절에 석방될 것이라고 믿었다. 그러나 부활절에도 뒤이은 추수감사절까지도 석방 소식은 들려오지 않았고 다시 크리스마스를 맞이하면서 크나큰 상심에 빠져 결국 죽었다. 즉, 근거 없이 막연히 일이 잘될 것이라고 믿는 태도와 냉엄한 현실을 직시하며 신념을 잃지 않는 합리적 낙관주의는 전혀 다르다는 것을 스톡데일 사례가 보여줬다. 경력직으로 옮기려는 사람은 '본인의 시장가치'를 기억해야 한다. 본인이 제공할 노동력의 시장가치가 어느 정도인지를 객관적으로 따져봐야 한다. 본인이 시장에서 통용될 몸값을 잘 모르겠다면 헤드헌터들에게 물어보는 것도 하나의 방법이다.

　전직 앞두고 고려해야 할 세 번째 원칙은 기회비용이다. 현재 재직 중인 직장에는 그동안 구축한 인맥과 노력해서 만들어놓은 평판자산이 있다. 이 자산은 단기간에 만들기도 어렵고 돈으로 환산하기 어려울 정도로 소중하다. 탄탄한 평판자산은 자신이 직장에서 조금 실수하거나 잘못하더라도 쫓겨나지 않을 일종의 보험이자 충격을 완화해주는 범퍼 역할을 해준다. 그러나 직장을 옮기는 순간, 이 평판자산은 활용할 수 없게 되며 새로운 곳에서 새로운 평판을 다시 쌓아올려야 한다. 그만큼 외롭고 힘들 수밖에 없다. 따라서 현재 다니고 있는 직장이 비전이 없거나 상사와 갈등이 있다는 이유로 때려치우는 것은 피해야 하다. 본인의 적성에 더 어울린다거나 더 전문성을 쌓을 수 있다거나 연봉을 50% 더 받거나 등 구체적이고 현실적인 이유가 있을 때 옮기는 게 좋다.

전직에 성공한 사람은
뭐가 다른가?

사회생활을 하는 사람이라면 인맥이나 사회적인 네트워크의 중요성은 매일 느낄 것이다. 많은 사람들이 친밀하고 깊은 인적 네트워크를 쌓길 원한다. 물론 새로운 사람을 만나는 것이 부담스럽고 가능하면 피하려는 사람들도 있다. 그러나 전직의 가능성을 고려한다면 기회가 되고 여건이 닿는 대로 새로운 사람들을 만나야 한다. 이는 유명한 사회학자인 마크 그래노베터Mark Granovetter의 연구 결과에서도 나타난다.

그래노베터는 미국 보스턴 인근 지역에서 직장을 옮긴 9만 8,000명을 대상으로 설문조사를 실시했다. '새로운 직장을 찾는 데 누가 도움을 줬는가?'라고 물었다. 조사 결과, 절친한 사람에

신뢰가 전부다

게서 도움을 받은 비율은 17%에 불과했다. 친한 친구가 아니고 가끔씩 만나는 사람에게서 도움을 받은 경우가 무려 55%에 달했다. 어쩌다 알게 됐거나 우연히 만나는 사람에게서 도움 받은 비율도 28%를 기록했다. 왜 이런 차이를 보일까? 친밀감이 강하게 연결된 사람들은 자신과 비슷한 학교나 고향, 직장 동료인 경우가 많다. 새로운 직장을 찾거나 낯선 직업을 택할 때에는 생각만큼 큰 도움을 주기 어렵다. 따라서 새로운 모임에 나가서 자신과 배경이 다른 사람들을 만나고 새로운 것을 배워야 한다. 열린 자세는 새로운 직장을 찾는 데 상당히 유용하다.

전직을 앞두고는 새로운 일자리를 소개해주는 지인이나 헤드헌터에게 반드시 던져야 할 질문이 있다. 해당 자리가 공석이 된 이유와 상사는 어떤 사람인지, 조직문화는 어떤지를 물어야 한다. 채용방식과 면접스타일 등도 물어보고 최대한 정보를 수집해야 한다. 물론 새로운 직장도 경력직 채용 때 지원자가 종전에 재직했거나 현재 몸담은 직장 동료나 상사, 거래처 등을 상대로 평판조회를 할 것이다. 이때 업무와 개인적인 사항에 관한 질문을 던진다. 담당했던 업무 내용과 거기서 올린 주요 실적을 묻는다. 그 사람과 계속 일하고 싶은지, 상사나 동료와의 관계가 어땠는지, 직장에서 업무와 관련한 갈등을 겪은 적이 있는지도 묻는다. 성품이나 강점, 약점 등에 대한 질문도 던진다.

173

전직할 생각이 있다면 현재 맡고 있는 업무를 깔끔하게 마무리해야 한다. 종전 직장은 본인이 마시던 우물에 해당하는 만큼 언젠가는 다시 돌아와 그 우물에서 물을 마실 수도 있다. 조직에 대한 불만을 토로하거나 사사건건 시비를 걸었던 상사에 대해 직격탄을 날리고 퇴사하면 당장은 속이 시원할 것이다. 그러나 이는 싫은 감정을 배설하는 것 이외에는 이득이 없다. 오히려 부메랑이 되어 카운터 펀치로 날아올 수 있다. 한국은 사람들의 관계가 씨줄과 날줄로 얽힌 사회라서 다음에 옛 회사 동료를 만나더라도 서로 악수하며 인사를 나눌 관계를 만들어 놓고 회사를 떠나야 한다. 인수인계를 잘하라는 이야기는 아무리 강조해도 지나치지 않다.

전직에 성공해 새로운 직장에 갔다면 당분간 그곳 사람들의 태도나 행동을 유심히 관찰할 필요가 있다. 암묵적인 가치관이나 태도, 기업문화를 파악하기 위해서다. 사람들과 조화를 이루고 겉돌지 않기 위해서는 그곳 문화를 존중하고 따라야 한다. 만일 '굴러온 돌이 너무 설쳐대며 박힌 돌을 빼내려고 한다'는 소문이 돈다면 기존 조직원들의 집단 반발에 직면해 오래 버티기 어려울 수 있다. 이미 커뮤니티가 형성된 타인의 영역에서 원만하게 어울리려면 우선 자신이 먼저 말을 걸고 솔선수범하고 상대를 포용하는 태도를 보여야 한다.

신뢰가 전부다

지금은
디지털 평판 시대

You can't build a reputation on
what you are going to do.

앞으로 할 행동으로 평판을 쌓을 수는 없다.

• 헨리 포드

나를 살리는 평판,
죽이는 평판

최근 미국 뉴욕으로 출장을 갔다 온 신문사 후배가 들려준 경험담이다. 뉴저지 펠리사이드 파크에서 중요한 인터뷰를 끝내고 맨해튼의 한 호텔로 돌아오는 길에 차량 공유서비스인 우버 택시를 탔다. 요금을 지불하고 호텔 객실로 직행해 노트북을 켜고 기사를 쓰고 있는데 우버 택시 운전기사가 잠깐 호텔 로비로 내려와 달라고 했다. 내려가 보니까 25달러를 돌려줬다. 영문을 몰라서 이유를 물었더니 다음의 답변을 내놓았다.

"제가 뉴저지에서 맨해튼으로 돌아올 때 곧바로 조지워싱턴 브릿지로 건너와야 하는데 착각해서 약간 먼 곳으로 돌아왔습니다. 그만큼의 요금을 돌려드립니다."

후배는 얼떨결에 돈을 받기는 했지만 양심적인 운전기사의 행동에 깜짝 놀랐다. 그러나 현지에서 직장을 다니는 친구의 배경 설명을 들은 후 수긍이 갔다. 그 운전기사가 우려한 것은 차량 이용 후 평가점수라고 했다. 만약 후배가 우버 택시를 이용한 후 운전기사 평가항목에 최하점을 줄까봐 걱정했을 것이란 설명이었다. 운전기사가 매우 양심적인 사람이라서 25달러를 돌려줬다기보다는 최하점을 계속 받게 되면 소비자가 해당 우버 택시 이용을 기피할까봐 두려웠을 것이란 얘기다.

물론 우버 운전기사도 승객을 별 5개 기준으로 평가한다. 만약 운전기사가 특정 승객에 대해 별 4개 이하로 평가할 경우에는 "어떤 문제가 있었는가?"라고 묻는다. 운전기사는 태도, 새로운 경로 요구 등의 항목에서 해당 승객을 낮게 평가한 이유를 선택할 수 있다. 승객이 한 달 이내에 같은 피드백을 두 번 이상 받았다면 우버 앱을 실행할 때 낮은 평점을 받은 이유가 적시된 알림을 받게 된다. 우버 택시는 운전기사와 승객이 각각 서로 평점을 매기는 쌍방 평가시스템으로 가동된다.

이처럼 요즘은 스마트폰을 통해 즉시 다른 사람을 평가하는 서비스가 대세다. 개인 간 신뢰를 디지털 기기를 통해 주고받거나 개인평판에 점수를 매기는 흐름이 급속도로 확산되고 있다. 디지털 평판이 오프라인에서의 평판 못지않게 중요해진 것이다.

숙박 공유 플랫폼인 에어비앤비airbnb도 집을 빌려주는 주인과 손님이 서로를 평가하는 시스템으로 운영된다. 손님은 자신이 머물렀던 집을 청결도, 정확성, 친절도, 정숙성 등 6개 항목에 대해 평점을 매긴다. 집주인도 해당 손님을 평가하고 다음에도 이 손님을 받고 싶은지, 아니면 절대로 이 손님은 받고 싶지 않는지를 평가란에 적는다. 양쪽이 '숙박'이라고 하는 오프라인 서비스를 제공하고 제공받지만 서로에 대해 디지털로 평판을 매기는 시스템이 작동된다.

디지털 평판은 복잡한 정보를 요약해서 단순하게 보여준다. 서비스 제공자와 이용자가 서로의 평판을 체크해서 별(★)의 개수로 만족도를 나타낸다. 자신이 묵은 민박집에 대한 평가나 방금 전에 탔던 우버 택시에 대한 평가를 '별(★)'의 개수라는 척도로 표시한다. 상호 평가시스템은 사람들의 행동과 태도를 바꾸고 있다.

에어비앤비의 경우 방을 빌려준 집주인과 이용자가 서로를 평가한 기록이 남기 때문에 상대를 자극하는 언행을 삼가고 충돌을 자제한다. 예의를 지키고 조심하게 된다. 실제로 일반 호텔에서는 욕실에서 타월을 쓴 후 바닥에 아무렇게나 던져놓고 방을 험하게 사용하고 떠난 사람들도 에어비앤비 집에서는 타월을 적게 쓰거나 어질러 놓은 방을 정리하고 퇴실하는 경우가 많다. 레스토랑에서 '식사 경험'이나 '서비스의 정도'를 별의 개수로 표현한 경우에도 레스토랑 주인과 이용객이 조금 더 예의를 지킨다.

물론 공유경제 서비스로 인해 만들어진 평판의 한계를 지적하는 목소리도 있다. 객관적인 제3의 기관에 의한 평가가 아니라 인간의 불안전한 '생각'으로 평판이 만들어지고 굳어지기 때문이다. 인간의 생각 회로는 많은 양의 자료를 처리하는 데 한계가 있으며 주관적이고 감정적이다. 이렇게 매겨진 디지털 평판은 상황이나 현실을 객관화해서 보여주기보다는 지극히 주관적인 개인의 감정적 평가일 수도 있다. 이러한 한계에도 불구하고 공유경제 시대에 디지털 평판은 더욱 중요해지고 있다.

미국에서 시작된 대표적인 온라인 레스토랑 예약 플랫폼인 오픈테이블OpenTable은 방대한 레스토랑 데이터와 검색 기능을 활용한 예약이 가능하다. 지역과 상호명을 기반으로 레스토랑을 검색한 후에 날짜와 시간, 인원수, 개인정보, 신용카드 정보를 입력하면 예약이 이뤄진다. 오픈테이블의 월 회원비는 249달러이며 이곳을 통해 예약하면 예약 인원 1명당 1달러를 레스토랑에 청구한다. 가장 큰 특징인 예약했지만 현장에 나타나지 않는 노 쇼No Show가 12개월 동안 4회 이상이면 불량고객이라고 판단해 예약서비스 이용 자체가 차단된다. 오픈테이블과 같은 예약

차량 공유서비스인 '우버' 어플리케이션 사용하는 모습

사이트 이용객이 늘어나면서 레스토랑에 예약해놓고 가지 않는 '예약 부도자'라는 평판을 얻은 경우에는 예약 자체가 불가능해지고 있다.

거의 모든 서비스가 스마트폰으로 이뤄지는 지금은 디지털 세계에 좋은 발자국을 남기는 게 필수적이다. 모바일을 통해 순식간에 입소문을 타거나 수치화될 수 있는 만큼 주의해야 한다. 예를 들어 차량 공유서비스인 우버 택시 운전수나 에어비앤비 집주인과 말다툼은 피해야 한다. 이런 곳에서 막무가내로 대응하고 싸웠다가는 본인도 모르는 사이에 디지털 평판이 악화되고 다른 분야에서 불이익을 당할 수도 있다.

온라인에서 평판을 저해하는 부정적 뉴스나 부정적 댓글의 영향력은 매우 강력하다. 인터넷에서의 부정적 메시지는 평판에는 치명타를 날리는 독이다. 이는 온라인 커뮤니케이션에서 긍정적 댓글과 부정적 댓글의 차이점을 연구한 '박남기·이관민'의 연구에서 잘 나타난다. 이들은 온라인 뉴스포럼에서 회사평판에 대한 사람들의 인식을 다루는 실험을 통해 한 건의 부정적인 언론보도라도 막강한 파급력을 지녔음을 보여줬다. 이들은 특정 인터넷 뉴스포럼을 지정해 이 포럼 참여자 코멘트의 논조(긍정 또는 부정), 코멘트 개수(1개 또는 다수)의 연관성을 따져보았다.

그 결과, 긍정의 코멘트는 많으면 많을수록 기업평판에 긍정적 영향을 미쳤다. 일정 수 이상으로 긍정적 댓글이나 코멘트가 많아야만 어느 정도 유효한 긍정의 효과가 나타났다. 그러나 부정적인 코멘트는 단 1개만 있더라도 기업평판에 상당한 부정적인 영향을 미쳤다. 다만 부정적 코멘트 숫자가 5개로 많더라도 기업평판에 미치는 영향은 부정적 코멘트 1개가 있을 때와 큰 차이가 없었다. 즉, 긍정적인 댓글의 경우 개수와 기업에 대한 긍정적 평가 사이에는 뚜렷한 비례관계를 보였다. 긍정적 댓글은 일정 규모 이상으로 많아졌을 때 비로소 효력을 발휘하는 '많으면 많을수록 좋다The more, the better'는 특성을 지녔다. 그러나 부정적 코멘트의 경우 단 한 개라도 기업평판에 부정적인 영향을 줬으며 부정적 코멘트가 아주 많다고 해서 그에 비례해서 악영향을 미치지는 않았다.

그렇다면 왜 부정적 댓글은 한 개라도 초토화시키는 'One Shot, All Kill'의 특성을 가졌을까? 부정적 평가의 절대적인 영향력에 대해 존 킴 등은 소비자들이 특정 제품의 품질이 열등하다는 정보를 들었을 때 해당 제품을 '열등한 품질의 제품'이라고 쉽고 빠르게 범주화하기 때문이라고 논문에서 설명했다. 이는 '품질이 괜찮은 제품'이란 정보를 접했을 때 하나의 카테고리에 범주화하기 어려운 것과는 대비된다. 괜찮은 품질이라는 정보를 접한 소비자의 뇌는 '최상의 품질을 갖춘 제품', '좋은 품질의 제품', '가성비가 좋은 제품' 등으로 매우 다양하게 나뉘어져 있기 때문에 선뜻 하나의 카테고리로 묶지 않는다는 것이다. 이 연구 결과는 기업이나 직장에서도 적용된다. 만약 대중이 특정 조직에 대해 부정적인 메시지를 접한다면 해당 조직을 부정적인 조직 중 하나로 인식하게 되겠지만 긍정적인 메시지를 접한 대중은 그 조직을 긍정적인 조직으로 쉽게 범주화시키지 않는다. 사람들은 긍정(중립)적인 부분은 어느 조직에나 존재하지만, 부정적인 특성은 부정적인 조직만 갖고 있다고 생각하기 때문이다.

또한, SNS 발달은 글로벌 연예계 스타의 유명세를 더욱 강력

셀레나 고메즈. 미국 영화배우 겸 가수로서 국내에서는 미국 가수 저스틴 비버의 전 애인으로 유명함

하게 확산시킨다. 대표적인 사례가 1992년생으로 미국 유명 가수이자 배우인 셀레나 고메즈Selena Gomez다. 고메즈는 에미상 수상작인 디즈니채널 드라마 〈우리 가족 마법사〉에 출연했으며 〈신데렐라 스토리 2〉 등 영화에서도 주연을 맡았다. 고메즈가 이용하는 인스타그램 등 3개의 SNS 계정을 합치면 팔로워가 약 2억 5,040만 명에 달한다. 세계적인 유명 스타답게 고메즈의 일거수일투족은 SNS를 타고 팔로워들에게 곧바로 전해진다. 본인 스스로가 여러 마리의 개를 기르는 애견가임을 공개하고 관련 사진 등도 포스팅하면서 팬들과 또 하나의 접점을 만들고 경험과 정서를 공유하고 있을 정도다.

신뢰가 전부다

공유경제가 몰고 온
평판 패러다임 변화

　새로운 디지털 기술은 공동체의 신뢰 기반을 바꾸고 있다. 역사적으로 볼 때 신뢰를 기반으로 한 거래는 크게 3단계에 걸쳐 발전했다고 할 수 있다. 1단계인 개인 간 신뢰에 기반한 거래, 2단계인 은행 등 공적인 기관을 매개로 한 거래, 3단계인 매개자가 없는 복수의 개인과 복수의 개인 간 거래다. 금융거래 사례를 보면 변화를 쉽게 이해할 수 있다.

　우리나라에서는 1980년대만 해도 주부들 사이에서 계契가 유행했다. 이는 회원들이 돈을 불입했다가 일정 금액 이상이 되면 순서를 정해서 차례로 곗돈을 받아가는 방식이다. 그러나 이는 신용을 100% 보증할 수 없는 거래 방식이어서 자신의 차례에

신뢰시스템의 진화

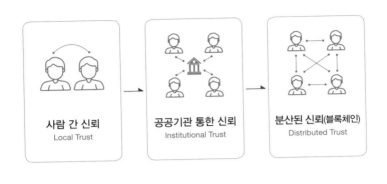

겟돈만 받고 잠적해버리거나 다음 겟돈을 내지 않아 계가 깨지는 경우가 많았다. 이는 금융시스템의 가장 원시적인 1단계인 '개인 간 신뢰Local Trust'에 기초하고 있다.

2단계는 은행이나 우체국 등 공공기관이 보증하는 '기관이 담보하는 신뢰Institutional Trust'에 기반한 거래다. 이는 공적 기관이 보증하는 중앙집권식 신뢰구축 시스템이다. 이 체제는 지금도 유효하지만 최근 들어 취약점도 노출됐다. 2008년 글로벌 금융위기 때 굴지의 미국 금융회사들은 도덕적으로 용납될 수 없는 행동을 했고 분식회계를 통해 주주와 소비자를 속인 기업들도 대거 적발됐다. 독일 유명 자동차회사 폭스바겐은 연비를 조작해 고객들을 분노하게 했으며 서구의 카톨릭 사제들은 아동 성추행 등으로 비난을 받았다. 대형 금융회사들은 잇달아 해킹당하고 고객의 개인정보가 유출되면서 세간의 질타를 받았다. 그동안 전통적인 권위를 가졌던 국가, 정부, 금융기관, 종교기관, 글로벌기업에 대한 신뢰가 약해지고 IT기술이 발달하면서 3단계 신뢰 이전의 흐름이 나타났다.

공적 기관을 거치지 않고 곧바로 개인들끼리의 신뢰를 교환하고 연결하는 체계가 형성되고 있다. 이는 중앙집권식 신뢰구축 시스템이 아니고 각 개인에게 위험이 분산된 3단계 '분산된 신뢰Distributed Trust'시스템이다. 최근 주목받고 있는 블록체인 기술이나 P2P 거래가 대표적이다. 블록체인 기술은 은행이나 공공기관 메인 서버에 고객정보가 저장되거나 유통되지 않고 각 개인이 암호화된 분산원장을 서로 보내고 받는다. 해킹으로 인한 개인정보의 유출 등의 염려가 없다. P2P금융은 돈이 필요한 개인과 여유자금을 굴리려는 개인을 연결해준다. 돈이 필요한 사람들이 모바일이나 PC로 대출 신청을 하면 투자상품(대출펀드)이 만들어지고 여윳돈을 가진 사람은 대출상품을 골라서 투자한다. 돈이 필요한 사람이 여러 사람에게서 십시일반으로 투자받는 셈이다. P2P대출업체는 돈을 빌린 사람에게서 매달 원금중 일부와 이자를 받아서 투자자들에게 나눠준다. 이처럼 개인

공유서비스 기반인 신뢰 3단계

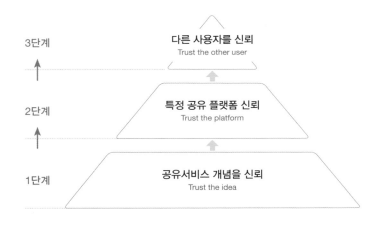

들에게 분산된 신뢰시스템(3단계)은 공적 기관이 매개자가 되어 보증하는 시스템(2단계)과 비교하면 상향식이며 개인별로 세분화돼 있어서 탈 중앙집권적이고 투명성도 더 높다.

디지털 기술의 발전은 회사와 종업원이 서로를 평가하고 또한 회사와 소비자도 서로의 행태나 신뢰도를 체크하게 해준다. 공유서비스는 서비스 제공자와 이용자가 서로 상대방을 평가하는 시스템을 토대로 하고 있는 만큼 자연스럽게 멤버십 경제 생태계Membership Economy를 구축했다. 이 생태계의 핵심은 제품이나

대표적 숙박 공유 플랫폼 에어비앤비 홈페이지 첫 화면. 2018년 기업 가치 평가액이 300억 달러로 세계적인 호텔 체인 힐튼 그룹을 넘어섰음

거래가 아니라 고객이다. 고객과의 소통을 중시하며 고객을 중심에 두는 사업 모델이다.

공유서비스가 제대로 작동하려면 3가지 신뢰가 갖춰져야 한다. 첫째, 차량을 공유하거나 룸을 공유하자는 생각을 믿는 사람들이 많아져야 한다. 둘째, 공유서비스를 제공하는 우버, 에어비앤비와 같은 플랫폼에 대한 신뢰가 있어야 한다. 셋째, 이 공유서비스를 이용하려는 다른 사람들에 대한 신뢰가 있어야 한다.

이러한 공유서비스 시스템이 제대로 가동되면 다양한 선택이나 비용 절감 이외에도 얻어지는 가치가 많다. 예를 들어 에어비앤비와 같은 민박 시스템은 이용자에게 저렴한 숙박 이상의 무엇인가를 제공한다. 사람들 사이의 관계와 커뮤니티를 중심으로 여행자는 자신이 원하는 적정 수준의 숙박 서비스를 제공받고 집주인은 새로운 여행객과 만나는 경험을 한다. 이 서비스는 타인과 일정한 범위 안에서 관계를 맺고 싶어 하는 인간의 욕구를 일정 부분 충족시켜준다. 공유서비스가 발전할수록 디지털 세계에서의 개인평판이 더욱 중요해지고 있다.

차량 공유서비스를 이용할 때도 평판이 중요하다

유럽에서 유학 중인 친척이 최근 들려준 이야기다. 친구가 프랑스 파리에서 남부도시인 프로방스로 장거리를 이동할 때 '블라블라카_{BlaBlaCar}'를 이용했는데 돈을 아끼면서도 매우 흥미로운 경험을 했다고 전해줬다. 블라블라카는 프랑스에서 시작해 유럽을 넘어 전 세계로 확산되고 있는 카풀 방식의 차량 공유서비스다. 한 국가의 도시에서 다른 도시로 이동하거나 유럽처럼 비교적 쉽게 국경을 넘어 다른 나라로 이동할 때 유용하다. 운전자가 웹사이트에 목적지와 차량 종류, 안전을 위한 확인이 필요한 정보를 올리면, 필요한 사람이 탑승을 신청한다. 기름 값과 고속도로 통행료 등 교통비를 서로 나눠 내기 때문에 운전자와

191

블라블라카 홈페이지 첫 화면. 여행 목적지가 같은 운전자와 탑승자를 연결해주는 차량 공유 서비스

탑승자 모두 경제적으로 이동할 수 있다. 가격상한제를 도입함으로써 프랑스의 기차 요금에 비해 최대 75% 저렴하다.

누군가와 함께 차를 타고 갈 경우 신경 쓰이는 것 중에 하나가 동승자의 수다스러움이다. 처음 만나는 사람끼리 한마디도 안하고 조용하게 이동할 수도 있고, 정보를 교환하거나 새로운 친구를 사귄다는 생각으로 이것저것을 물어보고 답하면서 재미있게 이동할 수도 있다. 블라블라카 사이트에는 선호하는 수다스러움의 수준을 선택할 수 있다. 말을 하지 않고 조용하게 이동하고 싶다면 'Bla'를 클릭하고, 조금 더 많이 말하는 분위기를 좋아하면 'BlaBla'를, 아주 수다스러운 걸 즐긴다면 'BlaBlaBla'를 택하면 된다.

원래 블라블라카의 이름은 코부아튜하쥬covoiturage.fr였지만 프

신뢰가 전부다

랑스를 넘어서 글로벌 사업을 전개하기 위해 지금의 이름으로 바뀌었다. 어떤 언어로도 쉽게 발음할 수 있고 사람들끼리 소통하는 커뮤니티라는 개념이 반영된 이름이다. 유럽에서 블라블라카 서비스가 급속히 확산된 데는 차량 소유를 원하지 않는 사람들이 늘고 있기 때문이다. 특히 젊은이들 사이에서 유지비가 많이 드는 차량을 보유하지 않고 빌려 타는 것이 유행으로 자리 잡으면서 유럽은 세계에서 가장 큰 차량 공유 시장으로 성장했다.

물론 우버와 비슷한 서비스를 제공하는 차량 공유 업체인 리프트Lyft가 있다. 우버와 리프트는 미국 내 차량 공유 시장을 각각 7대 3 정도로 양분하고 있다. 차량 공유서비스에서 평판의 중요성을 가늠하기 위해서는 이 비즈니스 모델의 특성을 분석해볼 필요가 있다. 왜 사람들이 차량 공유서비스를 이용할까? 가장 큰 목적은 교통비 절감을 위해서다. 자동차를 소유할 때에 비해 필요할 때마다 공유하면 비용이 적게 든다. 물론 원활한 공유 차량을 이용하려면 언제든지 차를 쓸 수 있어야 하고 지리적인 접근도 용이해야 한다.

차량 공유서비스에는 '평판'이 매우 중요하다. 아무리 비용이 저렴하더라도 해당 서비스를 믿지 못한다면 이용자는 불안함을 느끼며 해당 서비스를 이용하지 않을 것이다. 리프트는 불안감 해소를 집요하게 파고들면서 우버와의 차별화를 꾀했다.

리프트 운전기사가 되려면 운전경력 3년 이상, 23세 이상, 무사고 경력과 범죄경력 없음, 사고보상보험 가입 등 까다로운 조건을 통과해야 한다. 서비스 이용 희망자들에게는 운전기사 사진과 차량 사진, 종전 이용자의 평가점수까지 모두 공개한다. 또한 친절하고 친근한 이미지를 주기 위해 차량의 앞부분에 분홍색 콧수염을 붙이고 운전기사와 승객이 주먹을 마주치며 인사하게 한다. 최근 리프트의 부상에는 이처럼 평판을 끌어올리기 위한 다양한 노력이 상당한 역할을 했다.

블라블라카를 비롯해 중국의 콜택시 업체인 디디콰이디, 인도의 전자상거래 업체 플립카트, 에어비앤비, 우버, 페이스북, 알리바바 등은 사업모델이 비슷하다. 이들은 매치메이커_{matchmaker}다. 이는 결혼 중매자라는 영어 뜻에서 짐작할 수 있듯이 이들이 파는 것은 '다수의 사람들이 접촉하는 기회'다. 매치메이커는 동일한 니즈를 가진 여러 집단의 사람들을 한데 모아 서로의 요구를 해결해준다. 즉, 다양한 고객이 함께 모일 수 있는 현실공간 혹은 가상공간 속 플랫폼을 만들어서 수요와 공급을 연결시켜줌으로써 새로운 가치를 창출한다. 서로에 대해 모르는 다수의 수요자와 공급자가 만나는 만큼 각자의 평판을 제대로 측정해 이를 상대방에 제공하는 것에 사업의 성공과 실패가 달려있다.

방탄소년단 성공의
일등공신 'SNS'

　방탄소년단BTS이 2018년 5월말 세계 음악시장의 주류 무대인 미국 빌보드에서 1위에 올랐다. BTS 3집 앨범인 '러브 유어셀 프 전 티어LOVE YOURSELF 轉 'TEAR''가 빌보드200에서 1등을 차지한 것이다. 이로써 BTS는 K팝의 새로운 역사를 썼다. 1950년대부터 대중음악 인기 순위를 발표해온 빌보드 역사상 한국 가수가 1위를 차지한 것은 처음이다. 영어가 아니라 외국어 앨범이 1위를 차지한 것도 12년 만의 일이다. 2019년 4월에는 '작은 것들을 위한 시'라는 뮤직비디오가 공개된 지 37시간 37분 만에 유튜브 실시간 조회수로 1억 건을 넘었다. 이는 유튜브 사상 최단기 1억 뷰 기록이다. BTS 성공의 핵심요인은 진심과 실력이다. 뛰어

195

2017년 제31회 골든디스크 어워즈에서 수상한 방탄소년단
왼쪽부터 차례대로 RM, 지민, 진, 뷔, 정국, 슈가, 제이홉

난 퍼포먼스를 기반으로 팬들에게 진심 어린 메시지를 보내고
소통한 결과가 성공으로 이어진 것이다. 여기까지는 다른 한류
스타나 아이돌 그룹과 비슷한 행보다. 그런데 방탄소년단은 일
찍부터 쌍방향 인터넷방송인 V라이브, 페이스북, 트위터, 유튜
브 등 뉴미디어를 적절하게 활용해 팬들과 활발하게 소통했다.
트위터 팔로어가 급속히 늘면서 1,200만 명을 돌파했으며 뮤직
비디오 등 유튜브 조회 수도 일찍이 35억 뷰를 넘겼다. 소셜미
디어에서의 높은 인기는 방탄소년단에게 빌보드 뮤직 어워드
톱 소셜아티스트 부문에서의 상을 안겨줬다. SNS를 통해 멤버

신뢰가 전부다

들의 개성을 표현하고 비정규 음원도 SNS에 발표하는 방식을 택했다. SNS와 유튜브에 '방탄밤', '달려라 방탄' 등 일상모습을 보여주는 영상이나 사진을 올리며 팬들과도 친근한 커뮤니케이션을 주고받았다. 그러자 각국의 팬들이 한글 가사를 자국 언어로 번역해 올리고 공유하기 시작하면서 작은 팬덤이 큰 팬덤으로 확대됐다. 방탄소년단은 이미 만들어지고 완성된 퍼포먼스를 보여주기보다는 팬들과 함께 끊임없이 새로운 것을 만들어간다는 태도를 보여줬다. 기획사가 연출해서 만든 기성품이나 만들어진 이미지가 아니라 스스로 자신들의 목소리를 내면서 진화하는 아이돌로 발전해나갔다. 그러자 많은 팬들은 소속감과 동료의식, 동질감을 느꼈으며 더욱 끈끈하게 연결돼 있다고 생각하게 됐다. 방탄소년단은 다양한 모바일 플랫폼과 서비스를 자신들의 메시지를 일방적으로 전달하는 수단으로 여기지 않고, 실시간으로 팬들과 대화하고 만나는 온라인 사랑방과 같은 창구로 만들었다. 소속사 빅히트엔터테인먼트도 국내외 팬들에 대해 다양한 언어로 설문조사를 실시하면서 다른 기획사와는 차별화된 행보를 보여줬다.

이들은 팬과의 소통에도 '최대한 솔직하게, 진심을 담아서'라는 기본 원칙을 세워놓았다. 멤버 전원이 공식 SNS를 통해 소통한다. 자유롭게 소통하고 있지만 서로 약속한 것은 '욕하지

197

않기'다. 그리고 '개인 계정 안 만들기', '노출 사진 올리지 않기', '심각한 엽기적인 사진은 상대방의 동의 없이 올리지 않기', '음주 트윗 하지 않기' 등의 규칙을 만들고 지키려 노력했다. 모든 멤버들이 SNS가 좋은 소통의 도구가 될 수도 있지만 자칫 잘못하면 큰 리스크라는 사실을 인지했다. SNS가 사적인 공간이 아니라는 걸 알기 때문에 여러 가지를 고려하면서 진심을 담은 메시지를 내보내려고 한다고 전했다.

방탄소년단의 성공을 이끈 방시혁 빅히트엔터테인먼트 대표도 방탄소년단의 성공 비결 중 하나로 SNS를 꼽았다. 방 대표는 홍콩에서 열린 2017 엠넷 아시아 뮤직어워즈MAMA 전문 부문 시상식 기조연설에서 다음과 같이 밝혔다.

"서구 음악시장은 전통적인 미디어를 중심으로 견고하게 형성돼 주류와 비주류 간 차이가 있었는데 최근 몇 년간 소셜미디어가 대두하고 온라인 플랫폼이 다변화되면서 음악 산업의 축이 거세게 흔들렸다."

"방탄소년단은 SNS를 적극적으로 활용하는 10~20대와 SNS로 적극적으로 소통하고 있는데 이 과정에서 생긴 화제성으로 방탄소년단을 잘 모르던 사람들은 물론 기존 미디어에서도 관심을 갖게 했다. 방탄소년단은 SNS가 기존 미디어의 흐름을 바꾼 좋은 사례다."

신뢰가 전부다

인터넷에서의 소문과
비방 대처법

인터넷에서는 소문이 실시간으로 유통된다. 사회학자 가와카미 요시로는 《소문이 퍼진다》라는 책에서 소문의 3가지 기능을 소개했다. 첫째는 정보 기능이다. 특정 인물에 대한 정보를 알려주고 사회 환경에 적응하기 위한 힌트도 제공한다. 예를 들어 직장 동료가 실연을 당했다는 소문은 우리가 그를 어떻게 대해야 할지를 알려준다. 둘째는 집단규범을 확인하는 역할을 한다. 우리는 그 집단 내에 떠도는 소문과 가십을 통해 해당 집단의 일원임을 확인한다. 셋째는 엔터테인먼트 기능이다. 소문은 사람과 사람 사이의 대화나 접촉을 활성화시킨다. 소문을 전하면서 "너에게만 해주는 말인데…"라는 전제가 붙는 경우가 많다. 해당 이야기를 당신에게만 한다는 일종의 유대감과 친밀감의 표시다. 이에 따라 소문은 전달한 사람에게 내용이 사실과 다르다고 직접 반박하기 어렵다는 특성이 있다. 일부러 나에게만 알려줬는데 이를 부정하면 상대방은 호의를 무시한다고 느낄 수 있기 때문이다.

마츠다 미사의 《소문의 시대》라는 책에서 인터넷상에 퍼지는 소문의 특성을 소개했다. 인터넷의 특징 중 하나는 익명성이다. 누가 말했는지가 불명확한 경우가 많다. 소문은 PC나 스마트폰을 통해 단시간에 광범위하게 퍼진다. 스마트폰 속 연락처에는 다양한 주소가 저장돼 있는 만큼 문자메시지 공유를 통해 삽시간에 소문이 빠르게 확산된다. 인터넷은 이용자가 필요한 정보를 검색하거나 끌어내는 풀Pull형 미디어인 만큼 소문의 전파속도는 무척 빠르다. 특정한 입장만을 대변하는 집단분극화와 순식간에 확산되는 캐스케이드Cascade, 폭포 현상도 목격된다. 많은 사람들은 사회에서 벌어지는 중요한 사안에 대한 직접적인 정보가 부족해 남에게서 받은 정보에 의존한다.

미국 법학자 캐스 선스타인Cass Sunstein은 '특정인이 어떤 의견을 지지한다'는 소문을 들으면 별생각 없이 지지하는 네티즌이 많다고 지적했다. 이것이 재차 신뢰성을 확보해 더 많은 사람에게 수용된다. 인터넷은 특정 입장에서 정보가 모여서 증식하기 때

신뢰가 전부다

문에 같은 의견을 갖는 사람들이 특정 정보를 공유하고 그 의견은 퍼진다. 한국에서도 2017년 초반 촛불집회와 태극기집회 참석자들이 각각 다른 정보나 뉴스를 확산시킨 사례를 떠올리면 이해하기 쉽다.

인터넷에서는 누구든 정보의 수신자이면서 동시에 발신자다. 따라서 인터넷이 일반화되면서 정보의 전달법이 바뀌고 인간관계나 사회구조 자체까지 변했다고 볼 수 있다. '가장 오래된 미디어'인 소문 역시 누구든 정보의 수신자 겸 발신자가 되는 인터넷의 특징이 그대로 적용된다.

미국 심리학자 고든 올포트와 레오 포스트맨이 쓴《소문의 심리학The Psychology of Rumor》에서 소문의 방정식으로 'R=I × A'를 제시했다. R rumor은 소문의 강도와 유포량으로 문제의 중요성I Importance과 그 논제에 대한 증거의 애매함A Ambiguity의 곱셈에 비례한다. 이 공식에서 중요한 것은 합이 아니라 곱셈이라는 것이다. 중요함과 애매함 가운데 어느 한 변수가 0이면 소문은 퍼지지 않는다. 이 공식은 재해, 전쟁 같은 비상시에 소문이 광범위하게 퍼지고 또 양적으로도 많아지는 이유를 설명해준다. 불투명한 전망과 애매함이 너무 많기 때문이다.

그렇다면 헛소문이나 유언비어에 속지 않으려면 어떻게 해야 할까? 어떤 사건이나 뉴스를 접했을 때 2가지부터 확인하는

201

게 좋다. 먼저, 정보 자체의 타당성과 진실성을 검토하는 내부 체크를 해야 한다. 아울러 여타의 외부 정보와 비교해서 근거를 찾거나 사실 여부를 확인하는 외부체크도 필요하다. 이처럼 인터넷이나 지인들로부터 받은 정보를 그대로 믿지 말고 다양한 각도에서 비판적인 시각으로 점검하는 게 중요하다.

소셜미디어에서 시작된 위기를 재빨리 파악해서 대응할 체계를 갖춰놓을 필요가 있다. 온라인은 휘발성이 강한 감정의 바다인 만큼 감정적인 대응은 더욱 격한 감정과 반발을 불러온다. 그런 만큼 대중이 감정적으로 커뮤니케이션할 때는 최대한 감정적 대응을 자제하는 게 현명한 대응법이다. 인터넷에서 발생한 상당수 논란은 평균적으로 사흘 이상 지속되지 않는다. 언론은 새로운 어젠더를 찾아내고 새로운 뉴스가 사회적 이슈가 되기 때문이다. 물론 재벌 3세 갑질과 같이 특정한 이슈에 대해 고구마 덩굴을 캐듯이 새로운 의혹이나 증거나 계속해서 나온다면 휘발성은 더욱 강해져서 논란이 더욱 증폭되기도 하지만 대부분의 이슈가 일주일을 넘지 않고 잠잠해진다. 따라서 기업 커뮤니케이션 담당자는 흥분한 감정을 섣불리 표현하지 않는 게 좋다. 위기를 겪을 때, 기업이 감정을 통제하지 않고 표현하면 곤란해진다. 네티즌을 비난하거나 가르치려 해서는 역풍을 맞을 가능성이 크다. 과도한 분량의 정보를 한꺼번에 쏟아낼 경우, 또 다른 공격의 빌미가 될 수도 있다. 회사 내부의 미디어나 소셜미디어 플랫폼이 상이한 메시지를 발신하는 경우도 혼란이 가중될 수 있는 만큼 피해야 한다. 위기를 당했다고 해서 즉시 홈페이지를 닫거나 댓글을 임의로 삭제해서는 또 다른 논란을 초래할 수도 있다.

온라인에서의 평판 위기도 기본적으로 다른 위기 관리와 비슷하게 대처하면 된다. 정용민, 송동현은 《소셜미디어 시대의 위기관리》라는 책에서 발신할 핵심 메시지를 일관성 있게 전해야 한다고 조언한다. 쏟아지는 비난에 감정적으로 대응하지 말고 담담하게 경청하는 모습을 보여주라는 이야기다. 싸울 대상이나 분야를 넓히지 말고 가능한 한 자신이 대응 가능한 분야로 축소하는 게 좋다. 자신이나 자사에서 관리 가능한 페이스북, 트위터, 블로그로 불러들여서 대화하는 게 가장 좋다. 네이버나 다음 등 포털사이트에서 적대적인 댓글과 맞서는 것은 적진에 홀로 들어가서 싸우는 것과 비슷하다. 특히 싸움의 목적을 승리하는 데 두거나 상대편을 무찌르겠다고 작정한다면 매우 곤란하다. 자신이나 자사에 부정적인 소셜미디어를 적으로 규정하고 대응하면 오히려 사태를 악화시키게 된다. 특히 애사심이 강한 임직원이 논란이 되고 있는 이슈에 대해 개인적인 견해를 전제로 댓글을 달거나 의사표시를 하는 일은 또 다른 논란을 야기할 수 있다. 시간이 지나면 자연스럽게 사그라들 이슈에 대해 과도하게 의미를 부여하고 강경 대응하는 태도는 긁어서 부스럼을 만드는 것과 비슷하다. 잘못된 주장이나 오해를 기반으로 한 공격에 대해 일일이 답해야 한다는 생각은 전략적이지도 않고 가능하지도 않다. 이럴 때는 회사 내 커뮤니케이션팀이 정한 스탠스를 유지하면서 핵심 메시지를 반복해서 발신하고, 해당 이슈가 잠잠해질 것을 기다리는 게 현명하다.

SNS에서 비방과 질시를 받더라도 일반 네티즌이나 고객과의 언쟁은 가능한 한 피해야 한다. 언쟁에서 지면 그냥 지는 것이고, 이겨도 고객을 잃으니 결국은 지는 것이다. 모바일 세계에서는 이 법칙이 몇 배로 더 강력하게 작용한다. 고객의 잘잘못을 따짐으로써 긁어 부스럼을 만든 현상을 '스트라이샌드 효과 Streisand effect'라고 한다. 이는 온라인상에서 어떤 정보를 수정하거나 삭제하려다가 오히려 사람들의 관심을 끌게 돼 당초 기대와 반대로 그 정보의 확산을 가져오는 경우를 말한다.

미국 사진작가 애들먼은 캘리포니아 주정부의 지원을 받아 해안이 침식되는 현상을 항공사진으로 촬영하고 이를 사이트에 공개하는 프로젝트(캘리포니아 해안 기록 프로젝트)를 진행했다. 그런데 미국 가수이자 배우인 바브라 스트라이샌드는 이 사이트가 자신의 자택이 찍힌 사진을 올려 사생활을 침해했다며 사진작가와 사이트를 상대로 문제의 사진 삭제를 요구하는 손해 배상 청구 소송을 제기했다. 그러나 뉴스를 통해 이 소송 사실이 보도되자, 호기심이 생긴 42만 명의 사람이 사진에 실린 스트라이샌드 저택을 검색했다. 가만히 내버려 뒀으면 별다른 이슈가 되지 않았을 사안인데 소송을 제기하면서 세상에 알려지고 사람들의 불필요한 관심을 받게 된 것이다. 이럴 경우 네티즌들 중에는 법원에 소송까지 제기한 것을 과도한 대응이라고 생각하는 사람들이 생겨날 것이고 법적으로 승소하더라도 분명히 비판하는 사람들이 생겨날 수밖에 없다.

최근 들어서는 디지털 세계의 잊혀질 권리도 주목받고 있다. 유럽에서는 2010년 디지털에서의 잊혀질 권리가 사회적 이슈가 됐다. 스페인 변호사 마리오 코스테하 곤살레스가 자신의 채무와 재산의 강제매각을 적은 기사를 삭제해달라고 구글에 요구했기 때문이다. 채무를 변제했기 때문에 관련 내용이 남아 있는 것은 부당하다는 주장이었다. 그러나 구글은 기사 내용이 사실이므로 삭제할 수 없다고 답변했다. 결국 이 문제는 법정으로 번졌다. 스페인 법원을 거쳐 유럽 사법재판소까지 갔는데, 이 재판소는 구글에 웹페이지 링크를 삭제하라고 판결했다. 물론 원본 기사까지 삭제된 것은 아니라서 신문사 서버에는 여전히 관련 기사가 남아 있다. 이 사건에서 알 수 있듯이 생성된 데이터를 삭제하기 위해서는 사생활 침해나 명예훼손 사실을 입증해야 한다. 우리 사회도 정치권을 중심으로 인터넷 댓글 문제가 뜨거운 논란을 불러일으켰다. 앞으로 사이버 공간에서의 잊혀질 권리와 디지털 세계에서의 인권 문제는 더욱 큰 사회적 이슈가 될 것이다. 어떤 방식으로든 큰 방향이 잡히고 제도적인 보완이 이뤄져야 할 것이다.

디지털 평판관리
5계명

❶ 인터넷 ID와 SNS 계정이 곧 당신 자신이다

지금은 PC를 이용하든, 모바일을 이용하든 인터넷에 접속할 때 쓰는 ID가 곧 당신 자신이다. ID 자체가 실명과 거의 똑같다고 보면 된다. 이성을 사귈 때 그 사람의 ID를 검색해서 페이스북을 비롯한 SNS에서 이것저것 쭉 훑어보는 사람이 많다. 기업들도 마찬가지다. 일부 기업에서는 그 사람의 ID를 구글이나 네이버, 다음 등에서 검색해보고 그 사람의 정치적 성향이나 가치관, 성격, 삶의 태도 등을 파악한다. 자칫하면 자신이 과거에 SNS나 블로그에 써놓은 글 때문에 불이익을 당할 수 있다. 따라서 자유롭길 원하는 많은 사람들은 복수의 ID를 만들어놓고 순

207

수하게 개인적 글을 쓸 때의 ID와 직장에서 쓰는 공식 ID로 구분해서 쓴다.

다른 사람의 포스팅에 댓글을 달거나 상품 사용 후기 등을 쓸 때도 신중해질 필요가 있다. 많은 소비자가 남들이 써놓은 신제품 사용 후기나 리뷰, 경험담을 꼼꼼하게 읽고 참고한다. 아예 제품이나 서비스를 구매하기 전에 댓글부터 보는 사람들도 많다. 그만큼 남이 내린 평가나 댓글이 중요해지고 있다. 댓글이나 상품 후기에 사실과 다른 내용을 적거나 다른 사람을 힐난하는 내용을 적을 경우, 역풍을 맞거나 거센 후폭풍에 시달릴 수도 있다. 자칫하면 명예훼손 혐의로 형사처분을 받을 수도 있다.

요즘은 SNS를 비롯한 온라인에서 흔적을 남기지 않고 살아갈 방법이 거의 없다. 페이스북이나 트위터 계정을 삭제하고 SNS에서의 모든 활동내역을 의도적으로 지우는 행동은 신중해야 한다. 헤드헌팅 회사나 각종 공유서비스 사이트에서 당신이 실제 인물인지 확인하기 위해 관련 계정을 검색하는 경우가 있다. 그런데 아무런 포스팅도 발견하지 못한다면 당신의 계정을 스팸 계정으로 보거나 당신의 사회성에 문제를 제기할 수도 있다. 특히 당신과 같은 분야에서 일하는 사람들이 페이스북이나 링크드인에서 활동하고 있다면 더욱 그렇다. 이렇게 되면 당

신뢰가 전부다

디지털 평판관리 5계명

❶ 인터넷 ID와 SNS계정이 곧 당신 자신이다
❷ 성취를 컴퓨터가 알게 하자
❸ 공적·사적 영역을 분리하고 위기에 대비하라
❹ '평판점수＝돈'이란 사실을 기억하자
❺ SNS에는 최대한 긍정적 메시지를 남겨라

신에 대한 신뢰도가 떨어지고 극단적인 경우에는 당신이 공유
서비스 사이트에 접속하는 것도 제한될 수 있다. 따라서 계정을
삭제하지 않고 최소한의 SNS에서 활동하는 것만으로도 당신의
온라인 활동을 추적하는 알고리즘에 부정적인 정보를 제공하
지는 않는다.

❷ 당신의 성취를 컴퓨터가 알게 하자

디지털 세계에서 자신이 이룩한 성과나 결과물을 컴퓨터나
스마트폰으로 검색될 수 있도록 의도적인 노력을 기울여보자.
의미 있는 성취를 거뒀다면 이를 SNS에 포스팅 할 필요가 있다.
사진이나 동영상이 있으면 첨부하는 것도 하나의 방법이다. 물
론 자신의 커리어에 도움이 되는 사진이나 동영상을 올리는 게

좋다. 회사의 업적 평가나 연말 송년회 때 시상식에서 공로상을 받은 인증샷 사진이나 동영상을 페이스북이나 인스타그램 등에 올려놓는 것도 쉽게 할 수 있는 디지털 평판관리법이다. 직장 동료나 지인들로부터의 긍정적 피드백이나 칭찬과 인정의 댓글이 달린다면 더 좋다.

자신에 대한 부정적인 인상이나 좋지 않는 이미지는 불식시키기 위해 디지털 평판을 활용할 수도 있다. 예를 들어 잦은 저녁 술자리로 회사 내에서 체중관리를 못해 과도한 비만 체형으로 인식되어 있다면 헬스클럽이나 야외 공원의 체육시설에서 크로스핏 운동이나 철봉, 평행봉 등을 하고 있는 인증샷을 SNS에 올리는 것도 생각해볼 만하다.

자신의 페이스북이나 트위터, 링크드인에는 가급적 부정적인 내용이나 콘텐츠는 올리지 않는 것이 좋다. 특히 전직이나 이직을 고민하고 있는 사람이라면 이러한 내용을 SNS에 올리지 않도록 각별히 주의해야 한다. 더 나아가 과거에 본인이 장난삼아 SNS에 올렸거나 무심코 링크를 걸어놓아 오해를 살 수 있는 경우는 아예 삭제할 필요가 있다.

야마모토 히데유키는《당신의 몸값을 높일 수 있는 퍼스널 브랜딩》이란 책에서 모바일 시대의 기본적인 개인 평판관리법을 소개했다. 우선 본인의 이름이 인터넷에서 검색되도록 하라고 조언했다. 그렇다면 어떻게 해야 검색될까? 검색될 만한 존재라는 건 당신이 선택될 만한 이유가 있다는 것이다. 검색되는 자신을 만드는 방법이 바로 디지털 퍼스널 브랜딩이다. 쉽게 말해 우수 인재를 스카웃하는 서치펌에서 헤드헌터가 당신에게 매기는 시장가치(연봉)가 바로 당신의 퍼스널 브랜드 가치다. 연봉제를 실시하는 회사라면 당신의 상사나 인사팀에서 연봉협상 때 당신에게 제공하려는 연봉이 당신의 시장가치다. 퍼스널 브랜드는 본인이 주장해봐야 그다지 소용없고 타인의 평가로 만들어진다. 그런 만큼 객관적인 시각에서 자신이라는 브랜드를 평가해야 한다.

아울러 본인의 전문성에 대해 갖고 싶은 이미지와 자신의 인품이나 성격, 가치관에 대해 갖고 싶은 이미지를 고민해야 한다. 자신의 비주얼 전략도 생각해볼 필요가 있다. 말하는 내용이나 말투, 옷 입는 분위기 등이 여기에 해당한다. 직종이나 나이 등을 고려해 좋은 이미지를 구축하고 그에 맞는 헤어스타일, 안경, 넥타이, 구두 등으로 비주얼 전략을 고민해볼 필요가 있다. 아울러 언제, 어디에서든 자기 자신을 1분에 걸쳐 간단하게 소개할 메시지를 생각해놓는 것도 좋다. 거래처 최고경영자와 단둘이서 같은 엘리베이터를 탔다고 가정하고, 엘리베이터에서 내릴 때까지 자신을 3개 안팎의 문장으로 소개하는 '엘리베이터 화법'을 연습해보는 것도 한 방법이다. 상대방이 쉽게 기억할 수 있는 자신만의 상품성, 매력, 이미지를 중심으로 메시지를 만드는 것이 좋다.

❸ 공적 영역과 사적 영역을 분리하고 위기에 대비하라

자신이 별생각 없이 습관적으로 올린 SNS 메시지가 지금 다니는 직장을 비롯한 공적인 활동을 하는데 발목을 잡을 수 있다. 사람들이 '공유' 등을 통해 퍼나르기를 할 수 있는 개인 신상 관련 내용이라면 직장 동료나 선후배들이 모두 볼 수 있는 SNS에 올리면 곤란하다. 이럴 때는 개인적으로 친구들만 공유할 수 있도록 노출범위를 제한할 필요가 있다. 아예 개인적인 페르소나와 직장에서도 쓸 수 있도록 별도의 공적인 페르소나를 만드는 것도 하나의 방법이다. 공적인 세계와 사적인 세계를 엄밀하게 구분하고 싶다면 대외용 프로필에 올릴 사진과 개인적 계정에 올릴 사진을 구별해서 올리는 것이다.

SNS와 같은 소셜미디어를 정무적인 관점에서 관리하는 것도 하나의 방법이다. 일각에서는 이를 '정치적인 평판관리Network Correctness'라고도 부른다. 남에 대한 불평이나 과도한 비판을 절대로 표출하지 않는 것이다. 당신이 SNS에 올린 메시지를 재직 중인 직장의 사람들과 동종업계의 사람들이 보고 있다고 생각하는 게 좋다. 따라서 1~2년 후에 내가 보더라도 부끄럽지 않으며, 회사 동료나 상사가 보더라도 문제가 되지 않을 내용을 올려야 한다. SNS는 바로 당신의 퍼스널 브랜드이기 때문이다. 편향된 정치적 견해나 성적인 농담, 종교적 논쟁은 반드시 피해야 하는 3종 세트이다. 어떤 주제에 대해서라도 지나치게 편향된 표현이나 견해는 당신의 퍼스널 브랜드에 좋지 않은 영향을 미칠 수 있다. 외국에서는 경력직으로 입사하려던 사람이 술에 취해 페이스북에 올라온 야한 동영상을 무차별적으로 '좋아요'를 클릭해서 채용이 무산된 실제 사례가 있다. SNS에서의 논쟁은 분파적인 갈등이 증폭되고 소모적인 만큼 최대한 피하는 것이 좋다.

페이스북을 비롯한 SNS에는 다른 사람의 평판에 흠집을 내고 싶어 하는 사람들이 존재한다. 신뢰할 만한 사람처럼 행동하지만 속마음은 전혀 다르다. 이들은 다른 사람의 감정을 공격하지만 결코 자신이 나쁜 사람으로 낙인찍히는 것은 원치 않는다. 자신의 악의적인 행동에 대해 다른 사람이나 상황을 탓하고 핑계를 댄다. 자신의 타임라인에서 거짓말을 하거나 과장하며 다른 사람들과 연계해 당신에게 상처를 입히기도 한다. 만약 이 같은 사실이 발견된다면 과감하게 친구 관계를 끊어야 한다. 친구 목록에서 이들을 제외하거나 메시지 공개범위 설정을 변경

213

해서 당신의 포스팅 노출을 중단시켜야 한다. 간헐적으로 스마트폰 휴식기를 갖는 것도 한 방법이다. 스마트폰을 가방에 넣어두거나 주말에는 아예 꺼두는 것도 좋다. 페친들에게는 '직장의 중요한 프로젝트 마감이라 바쁘다'고 알린 뒤 페이스북에서 로그아웃하는 것도 방법이다. 페이스북에 대응하지 않거나 침묵하는 것도 좋은 전략 중 하나다.

❹ '평판점수=돈'이란 사실을 기억하자

대량의 데이터베이스를 분석하는 기술이 발달하면서 각 개인의 신뢰도를 측정하고 점수화하는 기술도 급속도로 정교해지고 있다. 가령, 미국 텍사스에 위치한 델파이 애널리틱스Delphi Analytics는 소비자의 행동을 평가하는 알고리즘을 통해 고객의 행동을 평가하고 예측한다. 예를 들어 대부업체들이 특정인에게 돈을 빌려준 후에 어떤 사람이 채무를 연체할지, 빌려준 돈을 회수할 가능성이 얼마나 되는지를 예측하고 분석한다. 델파이 애널리틱스는 특정인을 동일한 신용등급을 가진 사람들과 재정상태를 비교하고 온라인쇼핑 주문 기록, SNS에서 주고받은 데이터까지 활용해 분석한다. 즉, SNS를 통해 고객이 어떤 사람들과 어울리고 어떤 관심사나 취미를 가졌으며 최근 어떤 활동에 열심인지를 분석한 다음에 수많은 다른 채무자들의 행동과 비교한 뒤, 상환가능성을 평가한다.

개인의 평판점수는 돈으로 환산된다. 평판점수가 높으면 돈을 빌릴 수 있는 한도나 기회가 많아진다. 그러나 평판점수가 낮다면 돈을 빌릴 기회도 낮아지고 돈을 벌 기회도 줄어든다. 에어비앤비 등 공유경제 서비스를 이용해 돈을 버는 집주인이라면 이미 숙박해본 사람들이 매기는 평점에 따라 새로운 이용객이 많을 수도 있고 없을 수도 있다. 앞으로 자동차 공유서비스를 이용할 때도 평판점수는 더욱 중요해진다. 만일 공항에서 렌터카의 절반 비용으로 차량을 빌린다고 가정해보자. 당신의 신용 기록이 깨끗하고 교통사고를 일으킨 적이 없으며 청구서 체납 기록이 없다면 평판점수가 높아서 자동차 주인은 흔쾌히 당신에게 차를 빌려줄 것이다. 그러나 당신의 평판점수가 낮다면 더 높은 가격에 차를 빌리거나 아예 자동차를 빌리지 못할 가능성도 있다.

당신이 전직을 희망하는 회사의 고용주는 다양한 데이터를 분석해 당신이 회사에 도움이 되는 지원자인지 예측해볼 것이다. 평판점수가 낮다면 당신을 고용하지 않을 가능성이 크다. 이직 시 연봉을 포함한 다양한 근로 조건 협상도 불리할 것이다. 보험회사들은 보상을 요구하는 사람들의 페이스북 등 SNS

215

를 들여다본다. 미국 캘리포니아에서는 한 여성이 손목 부상을 이유로 PC작업을 할 수 없다면서 산업재해 보험금을 신청했지만 자신의 페이스북에 수많은 글을 올린 것이 들통 나서 오히려 보험 사기로 처벌받았다.

이처럼 평판이 돈으로 환산될 수 있다는 점을 고려하면 자신의 평판점수를 깎아내리는 행동은 가급적 자제해야 한다. 당신이 이베이 등 옥션사이트나 쇼핑사이트에서 거래 도중 상대방과 심각한 갈등을 겪거나 에어비앤비 집주인과 말다툼을 벌였다면 다른 분야에까지 악영향을 미칠 수 있다. 따라서 아무리 화가 나고 상대방이 밉더라도 그 사건으로 인해 내 평판에 심각한 타격이 우려된다면 적절한 수준에서 상황을 종결시키는 편이 낫다.

❺ SNS에는 최대한 긍정적 메시지를 남겨라

당신이 경험한 부정적이고 불쾌한 경험이나 느낌을 SNS에 남길 때는 최대한 신중해야 한다. 자신이 겪은 부당함이나 불쾌한 경험을 페이스북이나 인스타그램 등에 과감하게 올릴 때는 잠깐 후련할 수 있지만 그 메시지는 인터넷 공간에 계속해서 떠돌아다닐 것이다. 이럴 때는 SNS에 업로드하는 것보다는 가까운 친구를 만나거나 전화를 걸어서 하소연하는 편이 낫다. 아직까지 전화통화 내역을 체크하는 SNS나 개인정보 제공 회사는 없기 때문이다.

부정적 메시지 포스팅은 신중해야 한다는 연구 결과도 있다. 캐나다 케이프브레튼대학의 스튜어드 맥캔 교수는 14만 명이 트위터에 올린 내용을 분석했다. 그 결과, 사회적인 지위가 높거나 성공한 사람들은 트위터에 긍정적인 글을 올렸다. 이들 대부분은 밝고 희망적인 이야기를 하고 험담이나 불평은 거의 하지 않았다. 그러나 사회적 지위가 낮고 저소득층일수록 불평과 불만을 표출했다. 이 조사 결과에 대해서는 여러 각도의 해석이 가능하다. 사회적으로 성공해서 가진 게 많기 때문에 불만이나 불평이 적다고 해석할 수 있다. 그러나 긍정적이고 적극적인 태도가 성공을 가져온 요인 중 하나라고 말할 수도 있다. 맥캔 교수는 긍정적 삶의 태도와 성공이 인과관계는 아닐지라도, 두 요인이 서로 영향을 주고받는 상관관계를 보였다고 밝혔다.

따라서 지금이라도 자신이 SNS에 올린 글이 긍정적인 내용이 많은지, 부정적인 내용으로 가득한지를 체크해볼 필요는 있다. 인간은 무의식중에 생각하는 것이 말로 표현되며, 또 이 말이 행동으로 연결된다. 가능하면 SNS에서 긍정적인 이야기를 하고 긍정적인 포스팅을 남기는 게 좋다. 비록 지금 직장과 가정에서 문제가 있고 일이 잘 풀리지 않더라도 시행착오를 통해 배운 점과 긍정적인 측면을 찾아보고 이를 SNS로 공유해보자. 이 메시지를 접한 지인들이 오히려 당신의 그런 의연한 모습에 용기를 얻고 도움을 줄지도 모른다.

신뢰가 전부다

롱런하는
평판관리

If you are not a brand,
you are a commodity.

**만약 당신이 브랜드가 아니라면,
당신은 이름 없는 일용품에 불과하다.**

• 필립 코틀러

퍼스널 브랜드를
만들자

제품에 브랜드가 있는 것처럼 사람에게도 퍼스널 브랜드가 있다. 사람마다 조금씩 다르겠지만 보통 퍼스널 브랜드 구축을 위해서는 크게 4단계를 거쳐야 한다.

퍼스널 브랜드를 만들기 위한 1단계 작업은 자기 자신에 대한 종합적인 분석이다. 우선 본인이 그동안 해온 일을 살펴봐야 한다. 그동안 배우고 익힌 특정 분야에 대한 지식이나 경험, 노하우를 꼼꼼하게 따져봐야 한다. 학창시절이나 직장에서 칭찬받았던 일을 떠올려보자. 다음의 질문을 던진 후, 스스로 답을 적어보고 지인들에게도 물어보자.

"스스로 자랑스럽게 여겨진 적은 언제, 어떤 일 때문이었나?"

퍼스널 브랜드 구축 4단계

1단계 **스스로에 대한 분석**	• 자신의 전문성, 인적 네트워크, 시장가치 분석 • 자신의 현재 상황을 종합해볼 때 강점, 약점, 기회, 위협요인 분석
2단계 **개인브랜드 미래 목표 설정**	• 자신이 목표로 하는 개인브랜드 정하기 (예) 회사 내 베트남 전문가
3단계 **역산해서 할 일 리스트 만들고 우선순위 정하기**	• 개인브랜드 목표 달성을 위해 세분화된 단계별 목표 수립 • 실행 계획의 우선순위를 정함 (예) 베트남어 배우기, 회사 내 해외영업부로 이동, 베트남 관련 정보 수집, 관련 세미나 참석과 인맥 구축
4단계 **정기적인 목표 달성 점검과 평가, 지속적 프로필 업데이트**	• 정기적으로 목표 달성 여부를 평가하고 미진한 부분에 대한 점검과 보완 • 연간 실적 평가와 지속적으로 자신의 프로필 업데이트

"주변 지인들이 나를 소개할 때 쓰는 3개의 형용사는?"

"남들이 특별하다고 인정해주고 스스로도 동의하는 특별한 점은?"

"오랜 기간 흥미를 느꼈고 연마해온 기술이나 기능은?"

"내가 가진 기술이나 경험의 상품성과 시장가치는?"

"그동안 내가 만나고 신뢰를 쌓아온 인적 네트워크는?"

"나의 현재 상태를 종합적으로 평가해볼 때, 나의 강점과 약

신뢰가 전부다

점, 나에게 주어진 기회와 위협요인은?"

2단계에서는 자신의 과거나 현재를 분석해 미래의 개인브랜드 목표를 설정한다. 본인이 전문가로 변신하고 싶은 분야가 있다면 그 분야를 정해도 되고, 소속된 조직 내에서 자신의 전문 영역을 정하는 방법도 있다. 이 단계에서는 자신의 상품성을 끌어올려서 누구에게 무엇을 제공할 수 있는지 생각해봐야 한다. 그 상품성과 약속이 시장에서 얼마나 가치가 있는지를 객관적으로 판단하고 그 가치를 측정해보는 노력도 필요하다. 즉, 자신이 장래에 얼마만큼의 '시장가치'를 갖게 될 것인가를 생각해보는 것이다. 예를 들어 재직중인 회사가 베트남 시장을 중요시하고 계속 키우겠다고 생각하고 있다면 자신이 4~5년 후에는 베트남 전문가로 자리매김하겠다는 목표를 세울 수 있다. 베트남에 관해서는 자신이 회사에서 가장 정통한 사람이 되겠다고 생각해볼 수 있다.

3단계에서는 미래 목표 시점에서 역산해서 지금부터 순차적으로 할 일을 정한다. 예를 들어 부서장과 인사팀에 이야기해서 해외사업부나 해외영업팀으로 이동하는 방법을 생각해볼 수 있다. 베트남 전문가가 되기 위해 체계적인 베트남어 배우기, 베트남의 정치, 경제, 사회, 역사에 관한 공부와 정보 수집, 베트남 관련 세미나 참석이나 주한 베트남 대사관 행사 등을 활용한 인맥 구축 등도 추진해볼 수 있다. 직장에서도 이를 화제로 올리는 게 좋다. 현재 베트남어를 배우기 위해 학원에 다니며 주말에는 서울에 유학 중인 베트남 대학생을 만나 현지 사정에 대해 이야기를 나누고 베트남어 능력도 키우고 있다고 넌지시 말하는 식이다. 베트남을 주제로 대화를 나누고 해박한 현지에 관한 지식을 전달해놓는 게 필요하다. 그렇다면 나중에 베트남 관련 이슈가 나왔을 때, 자연스럽게 당신의 이름이 회사 안팎 사람들 사이에서 거론될 것이고 당신은 해당 업무 담당자로 추천될 가능성이 그만큼 커진다.

4단계에서는 목표 달성을 위해 중간마다 진척도를 따져보고 평가한다. 분기별로 평가하고 매년 연말에 종합적으로 평가해보는 것도 좋다. 아울러 자신의 프로필을 지속적으로 업데이트하는 노력도 필요하다. 이때는 스스로 내리는 평가뿐 아니라 숫자로 나타나는 객관적 평가나 제3자가 내리는 평가가 곁들여져야 한다. 자신의 준거집단이 되고 있는 직장, 가족, 학교 동창, 고향 선후배 등 10명의 사람을 뽑아서 그들에게 "저를 개인브랜드라고 생각하고 장점과 단점, 앞으로 업그레이드해야 할 부분에 대해 솔직하게 알려주세요"라고 부탁하고 답변을 들어보는 것도 하나의 방법이다.

신뢰가 전부다

자신만의 경력개발
모형이 필요하다

설리반Sherry E. Sullivan 등은 경력 관련 연구를 통해 〈*Careers in the next millennium: directions for future research*〉라는 제목의 논문을 발표했다. 21세기에 적합한 경력개발 모형을 제시한 것이다. 이들은 '역량의 전이portability of career capital'와 '내적 업무가치Internal Work Values'라는 2개의 축을 기준으로 경력을 크게 4가지 유형으로 나눴다.

역량의 전이란 개인이 가진 지식, 기술, 능력이 조직 내 다른 부서나 다른 조직으로 전이될 수 있는 정도를 의미한다. 역량의 전이가 높으면 지금의 역량을 한 부서(조직)만 아니라 다른 부서에서도 충분히 활용하거나 발휘할 수 있기 때문에 다른 곳으로

225

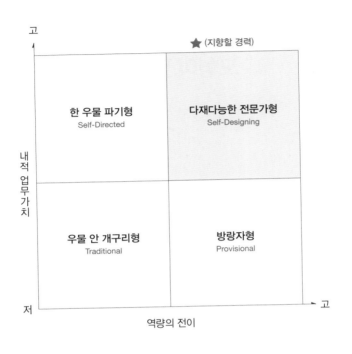

고

★ (지향할 경력)

한 우물 파기형
Self-Directed

다재다능한 전문가형
Self-Designing

내
적
업
무
가
치

우물 안 개구리형
Traditional

방랑자형
Provisional

저

고

역량의 전이

출처: Sullivan, Carden, and Martin, 1998

충분히 이동할 수 있고 그만큼 시장경쟁력이 높아진다. 그러나 역량의 전이가 낮으면 특정 부서에만 적합한 역량을 갖고 있기 때문에 다른 부서로의 이동이 어려워진다.

내적 업무가치란 '개인의 경력을 통해 성취하려는 비교적 안정적인 목표'다. 내적 업무가치가 높은 사람은 일을 통한 자기 성취를 중시하고 외적 보상보다는 내적 보상인 직무 만족, 자율성, 직무 도전을 중시하며 업무의 목표를 금전적 이득보다는 열정에 둔다. 반면 내적 업무가치가 낮은 사람은 임금, 승진, 직급과 같은 외적 보상에 치중하며 열정보다는 금전적 이익을 중시한다.

앞서 말한 경력의 4가지 유형을 살펴보자. 첫 번째는 역량 전이와 내적 업무가치가 모두 낮은 유형으로 전통적인 경력 유형에 해당된다. 광운대 산업심리학과 탁진국 교수는《워커코드》라는 책에서 이 유형을 우물 안 개구리라고 표현했다. 외적 보상을 중시하고 시장경쟁력이 약하며 자신이 속한 회사에만 몰입하기 때문이다. 이들은 자신보다는 회사를 위해 일한다는 생각을 갖고 있고 외적 보상 획득을 위해 수직적 승진을 갈망한다. 조직을 옮긴다는 생각을 그다지 해본 적이 없고 오직 자신이 속한 조직에서 승진하기 위해 매달린다.

두 번째 유형은 내적 업무가치는 높지만 역량 전이는 낮은 경우로 '한 우물을 파는 전문가형'이다. 이들은 전통적 경력 유형에 속하는 직장인들과 마찬가지로 특정 부서나 조직 내에서만 유용한 역량을 갖고 있지만 그들과는 달리 자신의 전문성에 대한 정체감이 강하고 외적 보상보다는 자기성취, 도전, 성장욕구

227

같은 내적 보상을 중시한다. 또한 특정 조직을 위해 일하는 전문가라는 자부심을 갖고 있다.

세 번째 유형은 내적 업무가치가 높고 역량의 전이도 높은 경우다. '다재다능한 전문가형'이다. 다른 조직으로 이동이 가능한 역량을 지니고 있으며 외적 보상보다는 자기성취에 관심이 많다. 이들은 다른 회사에서도 충분히 역량을 발휘할 수 있기 때문에 변화하는 환경에서도 잘 적응할 수 있다. 특히 특정 조직에 대한 정체성보다는 자신의 전문성에 대한 자부심이 강하다.

네 번째 유형은 내적 업무가치가 낮고 역량 전이는 높은 경우로 '방랑자형'으로 볼 수 있다. 오랜 기간 임시직으로 일하는 사람들 중에 이 유형에 해당되는 경우가 많다. 이들은 외적 보상에 관심이 많으며 직무 특성상 한 조직에 오랜 기간 머물지 못하고 자신의 기술을 발휘할 수 있는 여러 조직을 돌아다닌다.

이들 4가지 유형 중 가장 바람직한 경력 모형은 '다재다능한 전문가형'이다. AI 기술의 발달로 기계가 전통적인 일자리를 빠르게 대체하고 있는 4차 산업혁명 시대에는 이 유형의 전문가들이 가장 늦게까지 살아남을 수 있기 때문이다. 다재다능한 전문가 유형은 시장 환경이 바뀌거나 기술 진보가 이뤄지더라도 환경변화에 비교적 쉽게 적응할 수 있는 경쟁력을 갖췄다. 스스로 동기부여를 하고 일을 마무리 짓는 스킬이 몸에 배어있

신뢰가 전부다

는 만큼 직업적인 근육이 강하다고 할 수 있다. 또한 새로운 경력을 찾아내고 빠르게 몸에 익히는 유연한 능력도 갖추고 있어서 경력직 시장에서도 높은 경쟁력을 갖췄다.

그러나 모든 직장인들이 단번에 다재다능한 전문가로 변신할 수는 없다. 특히 역량의 전이 능력도 떨어지고 내적 업무가치도 낮은 우물 안 개구리형은 단번에 다재다능한 전문가형으로 탈바꿈하는 것은 상당히 어렵다. 이런 경우에는 우선은 자신의 영역에서 한 우물을 깊게 파서 전문가라는 평판을 쌓는다는 목표부터 추진하는 편이 낫다.

'습득형'과 '성장지향형'만
살아남는다

사회심리학자이자 미국 컬럼비아 경영대학원 동기과학센터 부소장인 하이디 그랜트 할버슨Heidi Grant Halvorson은 사람을 증명형 인간과 습득형 인간으로 나눴다. 자신의 능력을 드러내는 일을 더 좋아한다면 증명형이다. 새로운 기능 습득을 중시하고 성장과 진보에 관심이 더 많다면 습득형이다. 학교에서 좋은 점수를 받는 것에만 힘을 쓰면서 자신의 우수성을 보여주려고 애쓰는 사람이 증명형이라면, 배우고 성장하는 일을 더 중시하는 사람이 습득형이다. 증명형은 자신이 능력이 없다는 것을 상대에게 알리고 싶어 하지 않고 도움을 청하기를 주저한다. 도움을 구하는 것이 자신의 무능을 주변에 알리는 것이라고 생각하기 때문

신뢰가 전부다

이다. 그러나 습득형은 다른 사람의 힘을 빌리는 것의 가치를 잘 알고 있어서 동료나 후배에게 자문을 구하고 뭔가를 배우려고 한다. 성과가 저조하거나 해결하기 어려운 문제에 봉착하면 남의 도움을 받아서라도 장애물을 넘으려고 한다. 실패를 기회로 삼아 무언가를 배우고 본인의 능력을 향상시키길 원한다. 학생들을 대상으로 조사한 결과, 습득형 인간은 실패하더라도 상대적으로 자존심의 상처를 덜 받았으며 우울한 기분도 덜 느끼는 것으로 나타났다.

그렇다면 어떤 사람이 실패나 좌절에 강할까? 미국 스탠퍼드 대학 심리학과 교수인 캐롤 드웩Carol S. Dweck은 이를 '고정적 사고방식'과 '성장지향적 사고방식'으로 설명한다. 드웩 교수는 400명의 초등학생을 2개 그룹으로 나눠서 한 그룹에는 능력을 칭찬하는 말을 해주고, 다른 한 그룹에는 노력을 칭찬하는 말을 해줬다. 그 후 학생들에게 스스로 과제를 선택하도록 했다. 그러자 능력을 칭찬받은 그룹의 아이들 대부분은 쉬운 문제를 선택했지만, 노력을 칭찬받은 아이들은 90%가 어려운 과제를 선택했다. 더 어려운 과제에 도전하는 것에 대한 두려움이 상대적으로 적었기 때문이다. 노력을 칭찬받은 아이들은 성적이 자신들의 능력을 반영한 것이라고 생각하지 않았으며, 문제를 집으로 가져가 풀려고 했다. 좌절하더라도 자신감을 잃지 않았다.

231

그러나 능력을 칭찬받은 학생들은 어려운 과제가 주어지면 성적이 크게 떨어지고 자신의 능력에 의문을 품었다. 왜 이러한 차이를 보일까?

고정적 사고방식을 하는 학생들은 재능이나 지능이 태어나면서 정해져 있다고 믿는 경향이 강했다. 실패를 자신의 정체성에 대한 위협으로 받아들이고 자신의 능력을 계속해서 보여줘야 한다고 생각했다. 그런 만큼 실패할지도 모르는 상황에 직면하면 '과연 성공할 수 있을까'라고 의심하거나 자문했다. 그런만큼 고정적 사고방식을 지닌 사람들은 자신보다 능력이 뛰어나 보이는 사람들을 위협적이라고 느끼며 직위나 사회적 평가 등으로 자신의 가치를 확인하려는 경향이 강했다.

반면, 성장지향적 사고방식을 가진 사람들은 지성과 능력이 노력으로 향상될 수 있다고 믿었다. 새롭게 도전하는 일을 위협이 아닌 기회로 여기고 실패나 좌절이 아닌 성장에 초점을 맞췄다. 실패가 자신의 한계를 넓혀 나가는 계기라고 여기고 주저앉지 않고 적극적인 태도로 대처하는 경향을 보였다.

신뢰가 전부다

일등이 아닌
'일류'를 지향하라

남들과 차별화된 자신만의 브랜드를 구축하기 위해서는 일등 아닌 일류를 지향해야 한다. 일등은 한 명뿐이지만 일류는 모든 사람이 될 수 있다. 왜 일류가 돼야 할까? 경쟁이 치열한 승자독식의 세상에서 일류가 아닌 이류, 삼류에게 돌아갈 몫은 거의 없기 때문이다. 바둑계 거물인 조훈현의 스승은 일류가 되는 것이 생존과 직결됐다고 당부했다. 조훈현에게 9년간 바둑을 가르친 세고에 겐사쿠는 "이류는 서럽다. 만약 네가 이 길로 가기로 했다면 일류가 돼야 한다. 그렇지 않으면 인생이 너무 불쌍하다"고 독려했다. 우승이나 준우승한 사람만 기억해주는 냉엄한 바둑 세계를 잘 보여준다. 지금 글로벌 경쟁의 현주소와도

233

닿아있다. 정체돼 있거나 우물쭈물하고 있는 개인이나 회사는 경쟁에서 밀려나기 마련이다. 스스로를 일류로 만들고 사회 각 분야의 일류들과 교류하고 연계하는 노력이 필요하다. 'You'라는 개인브랜드를 차별화하기 위해서는 프랑스가 수제 사치품을 만들고 키웠던 방식을 참고해보자.

왜 프랑스에는 럭셔리 브랜드로 불리는 수제 명품이 많을까? 이는 결코 우연하게 이뤄진 게 아니라 장 밥티스트 콜베르라는 사람의 노력이 있었다. 1600년대 루이14세 당시 영국, 포르투갈, 스페인 등 유럽의 많은 나라들은 제국주의적 영토 확장에 몰두하고 있었다. 프랑스는 이런 경쟁에서 줄곧 뒤쳐졌다. 당시 프랑스 재무장관이던 콜베르는 이런 상황에서 프랑스의 차별화 전략을 고민했다. 그가 찾은 방법 중 하나는 사치품을 만드는 산업을 정비하고 촉진하는 정책이었다. 세계적인 부호들이 무엇을 원하는지 잘 알고 있었던 그는 그들의 욕구를 만족시킬 상품들을 프랑스 기업들이 생산하도록 도왔다. 다른 나라들이 식민지에서 새로운 원자재들을 계속해서 찾아내면 프랑스는 그것을 가져다가 예쁘게 디자인하고 낙인(브랜드)을 찍어서 비싸게 팔았다.

콜베르의 정책이 성공을 거둔 비결은 무엇일까? 바로 장인들의 적극적인 호응과 노력이 있었기에 가능했다. 루이비통은 파리 외곽 자신의 집 뒷마당에 작업실을 차려놓고 손으로 여행용 트렁크를 만들었다. 에르메스는 말안장을 만들 때 쓰이는 겹박 음질이라는 독특한 바느질 기법을 활용한 가죽 가방을 만들었다. 품질이 좋고 고급스런 디자인의 에르메스 가방은 시대가 바뀐 지금도 최고가 지위를 유지하고 있다. 샹파뉴의 포도주 양조 업체들은 일생의 노하우를 가진 전문가들의 도움을 받아서 오늘날 전 세계 어느 나라에서나 맛볼 수 있는 새로운 술인 발포성 포도주 샴페인(샹빠뉴의 영어식 표현)을 만들어냈다.

프랑스가 수제 사치품을 만드는 일에 공을 들이는 동안 영국의 선택은 달랐다. 다수의 공장 노동자들이 물건을 대량 생산하는 방식에 치중했다. 인간의 노동을 최소화하여 값싼 면직물을 만드는 직조공장이나 대중적인 접시를 만드는 도자기공장을 세워서 운영했다. '메이드 인 프랑스'라는 말은 300년이 훨씬 더 지난 지금도 우리에게 특별한 의미로 다가온다. 제작공정을 기계화하고 비용을 절감하는 것은 누구나 따라할 수 있지만 장인의 노하우와 손재주가 축적된 기술은 복제하기 힘들기 때문이다.

프랑스가 선택한 전략은 충분히 개인브랜드에도 적용 가능하다. 즉, 남들과는 다르고Different, 남들보다 더 낫고Better, 자신만의 특별한Special 뭔가를 개발하려고 노력하는 것이다. 나는 이를

235

영문의 앞글자만을 따서 '개인브랜드 DBS전략'이라고 부르고 싶다. 자신의 전문분야에서나 직장에서 일처리를 할 때도 얼마든지 DBS전략을 구사할 수 있다. 예를 들어 복잡하거나 곤란한 사안이 발생했을 때 "그 분야라면 ○○○ 씨가 전문가입니다. ○○○ 씨에게 물어보세요"라는 이야기를 계속 듣는다면 이 사람은 개인브랜드 DBS전략에 성공했다고 할 수 있다. 이처럼 자신의 차별화를 계속 이뤄나간다면 어느 순간에는 해당 분야에서 '1인자'가 돼 있을 것이다.

신뢰가 전부다

자신만의
'성공의 나선'을 만들자

　인생이 생각보다 길다는 점을 고려하면 자신만의 장점과 작은 성공의 경험을 축적하는 것이 중요하다. 남들의 눈에는 커리어가 끝난 것으로 보이지만 새로운 길을 만들고 꽃을 피운 사람들도 많다. 박항서 베트남 축구 국가대표팀 감독이 대표적이다. 박 감독은 속된 말로 한국 축구계에서 일자리를 얻지 못해 짐을 싸서 베트남으로 떠난 중년 남성이었다. 그러나 박 감독은 재취업 하는 것에 만족하지 않고 베트남 축구팀을 아시아 강호의 자리에 올려놓았다. 박 감독이 베트남 축구 역사를 새롭게 쓴 것은 그만의 비장의 무기가 있었기에 가능했다. 오랜 기간 축구에 관해 많은 지식과 경험을 축적했다. 럭키금성과 수원삼성 코치를 거쳐서 2002년 한일월드컵 때는 히딩크 감독을 보좌했다. 이처럼 장기간 축적의 시간을 가졌기에 비로소 박 감독은 베트남 축구를 짧은 시간에 비약적으로 끌어올릴 수 있었다.

한국인 출신으로 미국에서 갖은 고생 끝에 성공한 인물로 권율이라는 사람이 있다. 그는 어린 시절 학교에서 중국놈chink이나 황인종gook이라 불리면서 따돌림을 당하거나 맞았으며 대인기피증과 불안장애에 시달렸다. 그러나 그는 스탠퍼드대학과 예일대 법대를 졸업한 후, 2006년 리얼리티 프로그램인 '서바이버Survivor'에 나가서 우승했다. 특히 신체적으로나 전략적으로 용감하고 우수한 모습을 보여주면서 '주모자'나 '대부'로 불렸다. 이 프로그램에서 인기를 얻은 권율은 유명잡지인 〈피플〉이 선정한 가장 섹시한 남자로 꼽혔으며 연예 전문 프로그램인 '엑스트라'가 뽑은 최고의 남편감으로 선정됐다.

이 사례에서 시사하는 바는 무엇일까? 작은 성공이 더 큰 성공을 부른다. 이게 바로 '성공의 나선'이다. 따라서 작은 일에 한 번 성공하는 게 매우 중요하다. 이게 하나의 노드node를 만들고 복수의 노드가 연결되면서 성공의 나선success spiral이 만들어진다. 작은 성공은 자신감과 자긍심을 심어주고 심리적 자산이 기반이 돼서 더 큰 일에 도전하게 만든다. 일부 미국 스포츠 감독은 선수를 뽑을 때 성공한 팀에 소속된 적이 있던 사람만 뽑는다고 한다. 한 번이라도 작은 성공을 경험하는 것은 그만큼 중요하다.

작은 성공이 큰 성공으로 연결된 또 하나의 사례는 일본 남자 배구다. 일본 남자 배구팀은 올림픽에 나가서 4년마다 획득한 메달의 색깔을 '동메달→은메달→금메달' 순으로 바꿨다. 당시 일본 남자 국가대표 배구팀을 이끈 마쓰다이라 야스타카 감독은 "일본 대표팀은 체격으로는 세계 최고의 팀이 될 수는 없지만 운동능력과 기술력으로 최고의 팀이 될 수 있다"고 자신했다. 마쓰다이라는 키가 160cm에 불과해 매우 불리한 신체조건의 배구선수 출신이었다. 그러나 그는 일본 남자 배구 대표팀 코치로 1964년 도쿄올림픽에 참가해 동메달을 따내는 데 기여했다. 이듬해인 1965년부터는 감독을 맡아 금메달 만들기 8년 프로젝트를 가동했다. 자질을 갖춘 선수들을 스카웃하고 8년 간의 체계적인 훈련을 통해 최강팀으로 만들었다. 당시로는 창의적인 세계 최초 기술을 대거 선보였다. 시간차 공격을 비롯해 드라이브 서브 등이 대표적이다. 일본 선수들의 키가 작고 파워가 부족한 신체적 약점을 다양한 기술로 보완한 것이다. 마쓰다이라 감독의 집념과 창의적인 노력 덕분에 일본 남자 배구팀은 1968년 멕시코올림픽에서 은메달, 1972년 뮌헨올림픽에서 금메달을 따냈다. 그 당시 배구는 키가 크고 파워가 넘치면 이긴

239

다는 '피지컬 우위의 경기종목'으로 인식되었다. 그러나 마쓰다이라 감독의 생각은 달랐다. 그는 선수와 코치진에게 "상식적인 노력을 100번 한다고 해도 그 결과는 상식적인 결과를 조금 부풀린 정도밖에 나오지 않는 만큼 금메달을 따려면 비상식적인 노력을 계속해야 한다"고 강조했다. 그는 호기심이 많고 꾸준히 연구하고 개선하는 자신의 습성을 활용했다. 당대 배구 선진국인 소련에 직접 가서 배구의 훈련, 전술 등에 대해 계속 연구했다. 일본 배구팀에 적용된 창의적이고 새로운 훈련방법, 기술, 운영방식은 모두 마쓰다이라 감독에게서 나왔다.

이탈리아 북부 토리노 박물관에는 카이로스 석상이 있다. 앞머리는 길지만 뒷머리는 없으며 어깨와 발에는 날개가 달려 있다. 카이로스는 그리스신화에 나오는 신의 이름인데 그 석상에는 다음과 같은 글이 적혀 있다.

"내 앞머리가 무성한 것은 사람들이 나를 쉽게 붙잡을 수 있도록 하기 위해서다. 뒷머리가 대머리인 것은 한 번 지나가면 다시 잡을 수 없도록 하기 위해서다. 어깨와 발에 날개가 달린 것은 빨리 사라지기 위해서다. 내 이름은 카이로스…바로 '기회'다."

이처럼 기회는 앞에서만 잡을 수 있고 지나가버린 기회는 다시 오지 않는다. 마쓰다이라 감독은 자신과 선수들의 인생에 찾

신뢰가 전부다

아온 기회를 제대로 포착해서 작은 성공을 거듭하는 '성공의 나선 회로'를 만들어 결과로 증명했다.

나선형 성공을 가능케 하는 요인은 무엇일까? 작은 성공을 큰 성공으로 연결하는 데 필요한 요소가 많이 있겠지만 빼놓을 수 없는 요소가 '긍정성의 연결'이다. 심리학자 바버라 프레드릭슨은 인간의 긍정적 정서를 집중 연구했다. 그는 긍정성은 사람의 마음과 생각을 열어서 보다 수용적이고 창의적으로 만들어줄 뿐 아니라 이를 통해 새로운 기술, 인맥, 지식을 발견하고 구축하게 해준다고 주장했다. 일을 하면서 감사함이나 행복을 경험한 사람은 그렇지 않은 사람보다 적극적으로 행동하게 되고 이를 통해 높은 성과를 낸다는 것이다. 또한 성과를 낸 사람은 긍정적 정서를 경험하게 되고 이는 다시 성과 창출로 이어진다. 이러한 선순환이 프레드릭슨이 말하는 '긍정의 나선효과'다.

미국 홀푸드마켓은 직원들의 긍정적 정서를 통해 높은 성과를 유도한 기업이다. 창업 초기부터 두려움과 스트레스 대신 사랑과 신뢰를 바탕으로 품질 좋은 자연주의를 지향했다. 일본의 미라이공업이나 컴퓨터 프로그램 개발회사인 SAS 등도 최대한 자율성을 부여함으로써 임직원 각자가 자신에 대한 긍정성이 업무와 연결되고 좋은 성과를 낳도록 배려했다.

오타니 쇼헤이의 목표달성법
'만다라트'

일본에서 고등학생 때부터 두각을 나타내면서 미국 메이저리그로 진출해 선풍적인 인기를 끌고 있는 오타니 쇼헤이 선수는 '이도류二刀流'라는 별칭으로 불린다. 오타니 선수는 투수로서 괴물 같은 강속구와 제구력을 자랑하면서 홈런 타자의 기량을 갖췄다. 본래 '이도류'는 오른손과 왼손에 각각 한 자루씩 칼을 쥐고 싸우는 검술의 유파에서 시작된 용어다. 성질이 다른 두 종류의 일을 동시에 해내는 사람을 일컫는다. 오타니는 목표달성을 위해 고등학교 1학년 때 '8개 구단 드래프트 1순위'를 목표로 만다라트를 만들었다.

만다라트Mandala-Art는 일본 디자이너 이마이즈미 히로아키가

신뢰가 전부다

오타니 쇼헤이. 현재 LA에인절스 소속으로 '외계인설'에 휘말릴 정도로 폭발적인 활약을 펼치고 있음

불화(만다라)에서 영감을 얻어 고안한 목표달성법이다. 가로와 세로에 각각 3개씩 총 사각형 9개가 기본이다. 9개 사각형 중 가장 중심이 되는 칸에 달성하고 싶은 가장 중요한 최종 목표를 적고 이를 둘러싼 8개의 사각형에는 주요 목표를 써넣는다. 오타니 선수는 '8개 구단 드래프트 1순위'를 이루기 위해 8가지 주요 목표인 몸 만들기, 제구, 구위, 멘탈, 스피드, 인간성, 운, 변화구를 적시했다. 8가지 목표를 적은 사각형들에는 목표달성을 위한 행동계획을 적었다. 오타니는 8개 구단에서 모두 1순위로 스카웃하고 싶은 선수가 되겠다는 목표를 달성하기 위해 구체적인 64개의 행동지침을 조목조목 작성하고 이를 실천하려고 노력했다. 수많은 스포츠 선수들이 나름대로의 계획을 세우고 실천방법을 마련해서 노력한다. 그렇지만 오타니 선수처럼 고

오타니 선수가 고등학교 1학년 때 만든 만다라트

몸 관리	영양제 먹기	FSQ 90kg	인스텝 개선	몸통 강화	축 흔들지 않기	각도를 만든다	공을 위에서 던진다	손목 강화
유연성	몸 만들기	RSQ 130kg	릴리즈 포인트 안정	제구	불안정 없애기	힘 모으기	구위	하반신 주도
스태미나	가동력	식사 저녁 7술갈 아침3술갈	하체 강화	몸을 열지 않기	멘탈 컨트롤	볼을 앞에서 릴리즈	회전수 증가	가동력
뚜렷한 목표·목적	일희일비 하지 않기	머리는 차갑게 심장은 뜨겁게	몸 만들기	제구	구위	축을 돌리기	하체 강화	체중 증가
펀치에 강하게	멘탈	분위기에 휩쓸리지 않기	멘탈	8구단 드래프트 1순위	스피드 160km/h	몸통 강화	스피드 160km/h	어깨주변 강화
마음의 파도를 만들지 말기	승리에 대한 집념	동료를 배려하는 마음	인간성	운	변화구	가동력	라이너 캐치볼	피칭 늘리기
감성	사랑받는 사람	계획성	인사하기	쓰레기 줍기	부실 청소	카운트볼 늘리기	포크볼 완성	슬라이더 구위
배려	인간성	감사	물건을 소중히 쓰자	운	심판을 대하는 태도	늦게 낙차가 있는 커브	변화구	좌타자 결정구
예의	신뢰받는 사람	지속력	긍정적 사고	응원받는 사람	책읽기	직구와 같은 폼으로 던지기	스트라이크 볼을 던질 때 제구	거리를 상상하기

등학교 1학년 때부터 이렇게 구체적인 목표와 세부계획을 마련해서 지속적인 행동으로 옮긴 사람은 드물다.

오타니 선수가 체계적인 목표를 세우고 실천하려고 노력한 배경에는 고교 은사인 사사키 히로시 감독이 있다. 사사키 감독은 투구 기술이나 타격 요령보다는 스스로 생각하는 법을 가르쳤다. 사사키 감독은 "나는 시속 160km의 공을 던져본 적이 없어서 그 정도의 강속구를 던지는 기술을 알려줄 수는 없었지만 자신의 머리로 구체적인 목표를 세우는 법을 알려주려고 했다"고 소개했다. 키 193cm와 몸무게 92kg인 몸을 단련하기보다는 2kg도 안 되는 뇌 속에 있는 생각하는 근육을 키우고 단련시킨 셈이다. 어떤 일을 시작하기 전에 미리 계획을 세우고, 실행하면서도 계속 목표를 고쳐나가며 일이 끝난 후에는 평가해보는 '생각하는 방법'이 오늘의 오타니 선수를 만들었다고도 할 수 있다.

만다라트 계획법을 세우려면 자기 자신과 솔직하게 대면해야 한다. 우선 자신의 인생 목표나 이루고 싶은 꿈에 대해서 상당한 시간을 들여 고민해야 한다. 건강, 지식, 인품 등 자기관리에서부터 재무적인 측면에서의 관리, 가족 구성원으로 해야 할 역할행동, 직장에서 이루고 싶은 목표 등이 있을 것이다. 64개 행동지침이 만들어졌다면 수첩에도 붙여놓고 일기장에도 붙여놓자. 스마트폰 카메라로 찍어서 내사진에 저장해놓고 틈틈이 꺼내서 점검해보는 것도 좋다. 가족들에게 이를 공개한다면 일종의 약속이 되므로 그만큼 책임감을 갖고 실천하려고 노력하게 될 것이다. 직장에서나 출퇴근 때도 가끔은 자신의 목표를 점검하고 일상에서 잊기 쉬운 삶의 목표를 다시 상기시켜줄 것이다. 만다라트 작성의 장점은 목표를 요약해서 시각적으로 보여준다는 데 있다. 직장에서 업무 목표를 세우고 세부 실행계획을 세울 때도 이러한 요약화, 시각화 방법은 충분히 응용해볼 만하다.

신뢰가 전부다

스포츠 스타 개인브랜드에서
힌트를 얻자

복싱 역사상 처음으로 8체급을 석권한 필리핀 출신 매니 파
퀴아오는 '절제'와 '자기관리'의 대명사다. 1978년 필리핀 남부
에서 태어났다. 그는 어릴 적 부모의 이혼으로 편모 슬하에서
자랐으며 초등학교 6학년을 중퇴하고 생활전선에 뛰어들었다
고 '흙수저'의 비참했던 삶을 소개했다. 도넛을 들고 길거리로
나가서 행인들에게 팔았던 적도 있다. 아무리 배가 고프고, 뱃
속에서 꼬르륵 소리가 나더라도 도넛을 먹지 않았다. 그 도넛을
팔아야만 집에 돈을 가져다줄 수 있기 때문이었다. 파퀴아오는
"우리 가족은 너무 가난해서 먹을 게 없어 자주 저녁식사를 거
른 채 잠자리에 들어야 했다"고 털어놨다. 어린 나이에 가장 참

247

2016년 12월 23일 〈매일경제〉 A12
매니 파퀴아오 서면 인터뷰

기 힘든 배고픔을 견디며 절제한 경험이 세계 복싱 역사에 남을 걸출한 역사를 쓰게 했다.

　나는 파퀴아오가 체중 조절을 위해 절제하는 모습을 옆에서 직접 목격한 적이 있다. 2016년 12월 25일, 성탄절 밤에 서울 리츠칼튼호텔에서 열린 후원사들에 감사하는 저녁 자리에서다.

신뢰가 전부다

2016년 파퀴아오 첫 한국 방문 전 단독 서면 인터뷰를 진행했고, 그가 한국에 왔을 때 단독 인터뷰 기사를 들고서 찍은 사진

파퀴아오가 후원사들에 감사 메시지를 전하자 후원사 대표들이 와인을 담은 잔을 들고 건배를 외쳤다. 그러나 파퀴아오는 와인 잔만 들어서 건배를 한 후에 입을 갖다 대고 마시는 시늉만 하고 잔을 테이블 위에 내려놓았다. 바로 옆에 앉아있던 매니저가 곧바로 와인 잔을 치웠다. 내가 관찰하기로는 파퀴아오는 그날 와인을 전혀 마시지 않을 정도로 철저하게 절제하고 체중관리를 했다.

파퀴아오의 복싱 인생을 이야기할 때 빼놓을 없는 사람이 있다. 바로 복싱지도자 프레디 로치다. 로치는 프로복서 출신이었지만 자신이 좋아하는 것은 복싱 그 자체라기보다는 시합 분위기와 전략 짜기라는 사실을 발견했다. 2001년 체중 55kg 페더급 선수인 파퀴아오가 미국 캘리포니아에 있는 로치의 체육관

문을 두드렸다. 강력한 왼손을 가졌지만 그 밖의 장점이 별로 없었던 파퀴아오는 그를 만나고 바뀌기 시작했다. 로치는 파퀴아오 오른손의 힘을 키우고 민첩한 발놀림을 만드는 데 집중했다. 시간이 흐르면서 둘의 관계는 다른 방향으로 진전됐다. 스파링을 할 때면 파퀴아오는 로치가 개발한 테크닉을 조금 다른 방식으로 개선해서 구사하곤 했다. 또한 가끔씩 아이디어를 제시해 로치의 전략을 수정하기도 했다. 단순한 트레이너, 복서의 관계가 아니라 쌍방향으로 교감하는 살아있는 관계로 변화한 것이다.

수많은 복서들이 자신의 장점이 노출되고 모든 테크닉의 효과가 떨어지는 정체기를 만나지만, 이들 둘은 거듭 진화하면서 이런 정체기를 피해갔다. 파퀴아오가 복싱계 슈퍼스타로 오랜 기간 링에서 맹활약하게 된 배경에는 어릴 적부터 몸에 익힌 절제와 자기관리, 자신의 특기를 키워준 멘토를 만났기 때문이다. 파퀴아오는 강력한 펀치력과 뛰어난 운동신경으로 한 시대를 풍미했던 헤비급 챔피언 마이크 타이슨이 방탕한 생활을 하고 성폭행을 저질러 감방에 투옥된 것과 대비된다.

파퀴아오는 실패에 대해 열린 자세를 가졌다. 그는 "패배한 경기에서 더 많이 배웠고 이를 통해 '훈련은 혹독하게 하고, 시합은 가벼운 마음으로 치르자'는 철학을 갖게 됐다"고 말했다.

신뢰가 전부다

아울러 그는 "모든 시합에서의 패배는 도전이며 나 자신을 한 단계 발전시킬 좋은 기회"라고 덧붙였다.

파퀴아오는 '노블리스 오블리주'를 실천하는 기부천사로도 유명하다. 필리핀 하원의원을 거쳐 상원의원으로 활동 중인 그는 2013년 초대형 태풍이 필리핀을 강타한 후 피해지역을 찾아가서 이재민을 위로하고 복싱경기에서 받은 대전료 1,800만 달러(한화 약 192억 원) 전액을 기부했다. 당시 챔피언 벨트를 두르고 태풍 피해지역을 방문한 그에게 사람들은 열광했다. 2018년 초에는 집 없이 떠돌거나 무너져 내려가는 곳에 사는 고향 사람들을 위해 모아둔 돈으로 1,000채의 집을 지어 선물했다. 파퀴아오는 이에 앞선 2017년 연말 한국 방문 때는 MBC 예능 프로그램인 '무한도전'에 출연해서 받은 출연료 전액을 한국의 사회복지단체에 기부했다.

필리핀 상원의원인 파퀴아오는 정치적 활동과 함께 복싱 경기도 계속 갖고 있다. WBA(세계복싱협회) 웰터급 챔피언인 파퀴아오는 2019년 1월 미국 라스베이거스에서 미국의 아드리언 브로너를 상대로 심판 전원 일치의 판정승을 거두고 타이틀을 방어했다. 국제 스포츠 무대에서의 그의 왕성한 활동은 필리핀에 대한 인지도를 높이고 국가이미지를 좋게 하는 데도 기여했다는 평가를 받는다.

3가지 능력의
종합력을 키우자

　교육 심리학자들에 따르면 사람의 능력은 지적능력인 지력을 비롯해 심력, 체력의 종합이다. 즉, '인간의 능력=지력+심력+체력'이다. 그런데 한국 교육과정에서는 사람을 지능IQ을 비롯한 지적능력 위주로 평가한다. 그러나 직업을 갖고 조금이라도 사회생활을 해본 사람이라면 사람의 능력을 지적능력만으로 평가할 수 없다는 것을 잘 안다. 지능지수가 높아 고득점을 얻어 최고 명문대학을 나왔으나 직장에서 동료들과 잘 협력하지 못하고 회사생활에 적응하지 못하는 사람들을 종종 본다.

　체력의 중요성은 모든 사람이 잘 안다. 체력이 뒷받침되지 않으면 어떤 분야에서든 장기적인 성공을 지속적으로 이뤄내기 어렵다. 평소에 제대로 된 자세를 취하는 것도 매우 중요하다. 하버드 경영대학원 교수이자 세계적 사회 심리학자인 에이미 커디Amy Cuddy는 자세가 마음과 행동에 미치는 영향을 주제로 많은 연구를 했다. 그는 대학생 시절 교통사고로 뇌 손상을 입어 지능이 저하됐지만 이를 극복하고 대학 교수가 됐다. 커디 교수는 저서 《프레즌스》에서 자세나 태도 같은 신체언어를 조금씩 바꿔 스스로를 자극하는 것만으로도 자신감과 잠재력을 최대로 끌어올릴 수 있다고 밝혔다. 자신감이 있는 것처럼 보이는 자세를 취하고 행동하다 보면 자기도 모르는 순간에 그렇게 믿게 된다는 것을 실험을 통해 증명했다. 팔다리를 멀리 뻗어서 넓은 공간을 차지하는 실험집단의 사람들은 움츠러들고 무기력한 자세를 취한 실험집단에 비해 호르몬 수치에서 차이를 보였다. 보다 큰 자세를 취했던 집단은 결단력과 상관관계가 높은 남성호르몬인 테스토스테론 수치가 19% 높아진 반면 스트레스를 받을 때 분비되는 코르티솔 호르몬 수치는 약 25% 떨어졌다. 커디 교수의 '당신의 신체언어가 당신 자신을 결정한다Your body language shapes who you are'라는 제목의 강연은 역대 TED 강연 중 사람들이 가장 많이 본 상위 톱3 안에 들었다. 강연의 요지는 《프레즌스》라는 책의 내용과 맞닿아 있다. 몸이 마음을 지배하는 만큼 자세를 바꾸면 마음도 바뀌며 좋은 자세로 무장하고 커다란

253

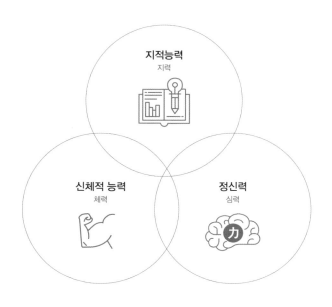

자세를 취하라고 독려한다.

많은 사람이 의외로 간과하고 있는 능력이 심력이다. 심력은 회복탄력성이나 맷집, 둔감력 등과 관련성이 크다. 팀워크를 이뤄서 공동으로 진행하는 프로젝트나 과제를 성공시켜야 하는 회사생활에서는 심력이 가장 중요한 항목이다. 심력이 강한 사람은 다른 사람의 과도한 칭찬이나 비난에 흔들리지 않고 마음의 평정을 유지한다. 남이 나를 칭찬한다고 해서 내가 더 나아지지 않으며 남이 나를 비난한다고 해서 내가 더 나빠지지도 않다는 걸 잘 알기 때문이다. 다른 사람의 칭찬은 칭찬일 뿐이고, 비난은 비난일 뿐이다. 나는 남들이 뭐라고 하든지, 행복하게 살 권리가 있고 또 그런 삶을 살아야 한다. 우리 각자는 모든 사람을 기쁘게 할 수도 없으며 또 그럴 필요도 없다. 비록 남이 나에게 감정적으로, 또한 실제로 불이익을 주려고 하더라도 바로 화를 내면서 감정적으로 대응하는 것은 본인에게 도움 되지 않는다. 감정적으로 대응하고 예민하게 반응하는 순간, 당신은 불리한 처지에 놓이게 되고 상대방은 그런 상황을 보면서 즐기는 단계에 접어들 수 있다. 남의 말이나 행동 하나하나에 일희일비一喜一悲하지 않고 둔감력으로 대처하는 것도 어른스러운 대처방법이다.

미국 펜실베니아대학 앤젤라 더크워스 교수는《그릿》이란 책을 통해 웨스트포인트 '졸업자 vs. 중도탈락자'에 관한 연구 결과를 소개했다. 지옥의 훈련을 끝까지 이겨낸 사람이 결국은 졸업하게 됐다. 아무리 지능이 높고 공부를 잘해서 좋은 학교를 졸업했더라도 그릿이 없으면 아무것도 아니라고 했다. 직장에서 상사들은 부하 직원을 평가할 때 회복탄력성이나 견뎌내는 힘을 보는 이유다. A라는 후배는 한두 마디 쓴소리를 했다고 선

255

배 근처에도 오지 않고 며칠 새 뾰로통한 표정을 지으며 묻는 말에도 대답하지 않는다. 이런 후배에게는 말을 건네기도 부담스럽고 마음이 불편하다. 뻔히 잘못된 줄을 알면서도 서로 얼굴 붉히기 싫어서 상사가 입을 닫고 말을 안 하는 경우도 있다. 이러한 불편한 시간이 계속된다면 A는 제대로 피드백을 받지도 못하고 제대로 일을 배우고 익힐 기회를 놓치게 된다. 중요한 프로젝트를 맡지 못하거나 핵심 업무에서도 배제되는 경우도 있어서 인사고과에서 좋은 평가를 받기 어렵다. 그러나 A와 입사동기인 B는 잘못을 저질러서 A와 비슷한 강도로 혼이 났다. 그런데도 회복탄력성이 좋아서 짧은 시간에 개인적인 감정을 정리하고 평정심을 회복해서 일한다. 상사 입장에서 보면 B에게 상대적으로 후한 점수를 주게 되며 회사 내 중요한 프로젝트가 시작되면 적극적으로 B를 추천하게 된다. 따라서 롱런하는 직장생활을 위해서 가장 중요한 평판관리 방법 중 하나는 일단 벌어진 일에는 빨리 마음 정리하고 모드를 수정하고 바꾸는 것이다. 마음을 새롭게 먹고 새로운 태도와 자세로 업무에 임하는 것이다.

신뢰가 전부다

평판은
4단계로 끌어올려라

평판관리는 크게 4단계로 나눠서 생각해볼 수 있다.

1단계는 현재 자신의 평판이 어떤지를 파악해본다. 믿을 만한 동료나 친구, 지인들에게 자신의 외모와 말, 행동에 대한 이미지와 평판에 대한 의견을 물어보자. 그동안 자신에 대해 가졌던 '생각'이 아니라 '행동'을 들여다볼 필요도 있다. 생각만으로는 스스로를 파악할 수 없고 자신이 해온 행동에 대한 평가를 통해서 스스로를 들여다볼 수 있기 때문이다. 현재 자신이 맡는 직장 내 포지션을 중심으로 상사나 후배들이 자신을 바라보는 시선, 부서 안팎에서 요구하는 역할 행동에 대한 피드백 등도 분석해본다.

257

2단계는 자신이 목표로 삼고 있는 평판은 과연 어떤지를 상상하고 미래 좌표를 설정한다. 이 단계에서 가장 중요한 것은 장기적인 평판관리의 목표를 요약하고 이를 시각적으로 보여주는 시각화 작업이다. 특히 평판관리 목표를 달성했을 때는 과연 어떤 모습인지, 그 이미지를 그려보는 것이 필요하다. 목표가 명확해질수록 그만큼 동기부여가 되고 달성가능성도 커지기 마련이다.

3단계는 평판을 끌어올리기 위해 자신이 가진 수단이나 처한 환경을 활용할 방법을 찾아보는 단계다. 자신의 평판관리를 위해 지금까지 어떤 노력을 했으며 앞으로 시도해볼 옵션이나 선택지에 대해 고민해본다. 필요하다면 멘토를 찾아가서 상담하거나 커리어 코칭을 받아보는 것도 하나의 방법이다.

4단계는 평판을 끌어올리기 위해 자신이 지금 무엇을 준비하고 실행해야 하는지를 파악하고 실천에 옮겨야 한다. 목표 달성을 위해 지금 해야 할 바람직한 행동과 삼가야 할 행동의 구체적인 리스트를 작성해보는 것이 좋다. 예를 들어 내성적인 성격이라 회사 내에서 다른 부서 사람들과 어울리는 것이 쉽지 않다면, 사내 스포츠 동호회에 가입해서 비슷한 취미를 가진 사람들을 사귀고 인맥을 확대하려고 노력해보는 것이다.

우리의 인생은 단순하게 표현하면 5개 공을 저글링하는 게임이다. 4개의 공은 크리스탈(가족, 친구, 명예, 꿈)로 되어 있으며 1개(직장)만 고무로 만들어져 있다. 4개의 공은 땅바닥에 떨어뜨리는 순간 깨지지만 나머지 1개는 튀어 오른다. 따라서 4개의 크리스탈 공은 깨지지 않도록 유의해야 한다. 다만 고무 공은 탄력성이 커질수록 더 잘 튀어 오르는 만큼 회복탄력성을 끌어올리는 것이 좋다.

압도적으로 많은 시간을 직장에서 보내는 직장인의 경우 간과하기 쉬운 부분이 가족과 친구들 사이에서의 평판관리다. 지금 다니는 직장은 그만두고 다른 회사로 가면 되지만, 가족이나 친구관계는 싫든 좋든 평생 지속된다. 미국 하버드대 졸업생들의 인생을 추적 조사한 결과, 친구의 숫자가 많으면 많을수록 더 행복한 노후를 보내는 것으로 나타났다. 그만큼 평생 얼굴을 보며 살아가야 할 사람들 사이에서의 평판관리는 중요하다.

가족과 친구들 사이에서 평판관리를 할 때는 사랑과 존중을 한꺼번에 얻기 어렵다는 사실을 염두에 둬야 한다. 사랑(애정, 호감도, 친밀감)과 존중(인정, 경외, 존경)은 서로 배타적인 경우가 많은 것으로 심리학 연구에서 드러났다. 가족이나 친구 등 친한 관계에서 호감을 얻으려면 되도록 유능함은 감추는 게 현명한 처신이다. 물론 의사나 변호사 등 전문직의 경우 잠재적 고객으로부터 인정받고 존중받으려면 처음 만났을 때부터 자신의 유

259

능함이나 능력을 드러내는 것도 하나의 방법이다. 이처럼 만나는 상대에 따라 다른 소통 방법을 택하는 것이 간단하지만 중요한 평판관리의 요령이다.

지역 내 커뮤니티 활동을 하거나 아파트 부녀회에서 활동을 할 때도 각자에 대한 평판은 따라붙는다. 교회나 성당, 사찰을 찾는 종교적 모임에서도 평판의 영향력은 예상보다 강력하다. 순수한 친목을 목적으로 하는 동창회에서도 각 개인에 대한 평판은 여러 측면에서 영향력을 발휘한다. 친구들 사이에서도 A가 부르면 최소 10명 이상 모이지만, B가 부르면 2~3명도 모이지 않는 경우를 종종 본다. 이는 각 개인의 인간적 매력이나 평소 친분을 맺는 사람을 관리하는 범위, 영향력의 차이 때문이다. 물론 지금 자신이 소속된 조직이나 직책이 힘을 발휘하는 경우도 있다. 현직에서 동문들을 불렀을 때 상당히 많은 숫자가 모였지만 조직을 떠난 후에는 거의 모이지 않는다면 개인적인 매력보다는 그 사람이 속한 조직이 주는 영향력이라고 해석해야 한다.

평판관리 10년
로드맵을 만들자

개인브랜드를 구축하는 방법 중 하나는 자신을 직장인이 아닌 '직업인'이란 관점에서 바라보는 것이다. 현재 당신이 갖고 있는 명함을 꺼내서 살펴보자. 자신의 이름 앞에 붙어있는 직장과 직책을 가려보자. 이름만 남을 것이다. 그 이름 앞에는 본인이 할 수 있는 일이나 제공할 기능, 서비스를 붙여보자. 그 차별화된 기능이나 스킬이 당신의 직업이 될 가능성이 크다. 바로 이런 차별화된 기능을 발견하고 개인브랜드로 키운 사람이 '직장인'이 아닌 '직업인'으로 변신할 수 있다. 당신이 제공하는 독특한 기능이나 스킬에 가격을 매겨서 판매한다면 바로 1인 기업가다. 일각에서는 1인 기업가가 되려고 노력하면 정작

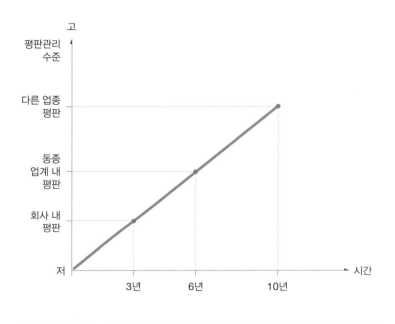

지금 맡고 있는 일에서 소홀해질 수 있다고 지적한다. 그러나 오히려 그 반대일 가능성도 있다. 본인이 현재 직장에서 하고 있거나 정성을 기울이고 있는 일을 직업 수준으로 발전시키려고 노력하는 사람은 일을 대하는 태도부터 다르기 때문이다. 그런 태도로 직장에서도 일을 처리한다면 남들보다 두각을 나타

신뢰가 전부다

낼 가능성이 크다.

자신이 지향하는 분야 등을 고려해 평판관리 10년 로드맵을 만들 수 있다. 10년의 경력 지도를 만드는 셈이다. 어느 정도 경력을 쌓은 사람이라면 3년 정도는 회사 내부에서 본인의 평판을 중점적으로 관리하는 데 쓴다. 그 다음 3년은 회사 내부는 물론 동종업계에서 평판을 관리하는 데 역점을 둔다. 그 후 4년 동안은 교류하는 범위를 다른 업종의 사람들에게까지 확대하는 방안을 생각해볼 수 있다. 즉, '회사 내부→동종업계→다른 업종'으로 인적 네트워크의 범위를 확대하고 교류의 폭을 넓혀가는 것이다.

물론 신입사원이라면 평판 로드맵은 조금 다르게 만들어져야 한다. 개인에 따라 편차가 있겠지만 신입사원으로 입사해 새로운 일을 배우고 스스로 잘 해내는 데는 평균 3~4년 정도 걸린다. 첫 직장이 자신이 좋아하는 업종이며 자신과 잘 맞는 조직문화를 가졌다면 운이 좋은 편이다. 미래 발전가능성까지 갖췄다면 금상첨화다. 이럴 경우, 그 조직에 맡는 일에 최선을 다하고 경쟁력을 높이기 위해 업무 범위를 넓히고 업무처리 능력을 향상시키면 될 것이다. 만약 입사한 직장의 조직문화나 업종이 적성에 맞지 않는다면 조직을 바꾸는 것을 포함해 미래 계획을 세워야 한다. 특히 기술적 변화가 심하고 외부환경이

263

자주 바뀌는 조직에 속한 경우에는 유연한 전략과 계획은 필수적이다.

평판 로드맵 수립은 자신이 하고 싶은 일에서 출발하는 게 좋다. 자신의 흥미, 가치, 역량 등을 고려해 큰 방향을 정하고 구체적인 직위나 직무로 세분화한다. 예를 들어 현재 재무와 회계를 담당하는 부서의 과장이 되었다면 일단은 회사 내에서 그 부문의 임원이 된다는 구체적인 목표를 정하는 것을 생각해볼 수 있다. 그 시점에서부터 역순으로 생각해보자. 재무 담당 임원이 되려면 요구되는 역량에 대해 생각하고 앞으로 어떤 경험이나 경력을 쌓아야 하는지를 고민해야 한다. 임원이 되기 전에 거치는 직급이나 직위별로 필요한 활동을 세부적으로 적어보는 것도 필요하다. 3년 후에는 자신이 어떤 직위에서 어떤 업무를 맡게 될지 상상해보고 그때의 개괄적인 목표를 세워두고 이를 징검다리로 삼아야 자신의 목표로 연결될 것이다. 또한 업무 능력 향상을 위해서 책을 읽거나 외부 공개자료 등을 활용할 수 있다. 재무에 대한 전문지식의 심화를 위해서는 직장인 대상의 경영대학원MBA을 포함해 외부 교육기관 활용할 수도 있다.

이와 동시에 자신의 시야를 넓히고 안목을 확장하는 노력이 중요하다. 사람은 본인이 보고 듣고 느끼는 범위 안에서 생각하는 경향이 강한 만큼 다른 분야에 종사하는 다양한 사람들을 만나 대화를 나누고 지속적인 자극을 받아야 한다. 그래야만 사회 변화를 체감하고 사고의 폭이 넓어지며 포용력과 유연성도 확대된다.

새로운 분야로 진출하거나 직장을 옮길 것을 고려하고 있다면 새로운 기술과 새로운 시장이라는 2개의 축을 기준으로 커리어 개발 계획을 세워보는 것을 제안한다. X축에 새로운 기술을 놓고, Y축에 새로운 시장을 놓는다면 기술–시장의 4분면 그림이 그려질 것이다. 신시장과 신기술이 만나는 곳이 바로 당신이 장래 커리어를 발굴할 분야다. 특히 본인이 몸담고 있는 조직이 기술적으로 사양산업이고 시장은 생존게임을 펼쳐야 하는 포화상태라면 더욱 절박한 상황이다. 시급하게 신기술–신시장의 접점을 찾아야 한다. 이직과 전직을 할 때도 이 2가지 축을 염두해야 한다. 새로운 직장으로 옮기는 것을 고려하고 있다면 최대한 신기술과 신시장이 만나는 접점에서 찾는 게 좋다. 새로 태동하는 산업과 시장은 리스크도 있지만 그만큼 성장하고 발전할 가능성도 크기 때문이다. 만일 당신이 우주여행을 떠나고 싶다면 가장 작고 불편한 좌석이라도 우주선을 타야 한다. 누군가가 편하고 넓은 1등석 항공기 자리를 권하더라도 행선지가 지구 안에 있다면 결코 우주로 나갈 수 없다. 새로운 직장을 잡으려고 하는 사람들은 이 우주선의 비유를 머릿속에 넣어둘 필

265

요가 있다.

10년간 개인브랜드 로드맵을 만들고 실천했다고 해서 끝이 아니다. 지금은 100세 시대인 만큼 개인브랜드와 개인평판도 상품과 같이 라이프사이클을 갖게 된다. 큰 굴곡이 없는 개인평판이라면 형성기를 거쳐 성장기와 성숙기를 그리는 곡선을 그리기 마련이다.

그러나 개인에게 닥친 커다란 위기 때문에 개인평판이 변형되고 악화돼 회복 불능 상태에 빠지기도 한다. 물론 일부는 위기를 잘 극복해서 개인평판이 회복되거나 새로운 라이프사이클의 성장기에 접어들기도 한다. 주위의 많은 30~40대 직장인들을 보면 그때그때 상황이 주어진 대로 살아간다. 그러나 이때 심기일전하여 직장인이 아닌 '직업인'으로서 개인브랜드를 생각해보고 자신의 커리어와 개인평판을 업그레이드 하도록 꾸준히 시도해볼 필요가 있다. 그래야만 100세 시대에 주어진 대로가 아닌 주체적인 인생을 살 수 있다.

참고문헌

단행본

- 김대영, 《평판이 전부다》, 매일경제신문사, 2016
- 김대영, 《품격이 전부다》, 매일경제신문사, 2017
- 정주진, 《갈등은 기회다》, 개마고원, 2016
- 김종명 외 2명, 《설득의 비밀》, 쿠폰북, 2009
- 최환규, 김성희, 《갈등타파 매뉴얼》, 매일경제신문사, 2014
- 공병호, 《공병호의 다시 쓰는 자기경영노트》, 21세기북스, 2016
- 이승윤, 《구글처럼 생각하라》, 넥서스BIZ, 2016
- 구본형, 《구본형의 더 보스》, 살림Biz, 2009
- 강의모, 《나를 변화시킨 결정적 순간》, 더시드컴퍼니, 2016
- 문성후, 《누가 오래가는가》, 21세기북스, 2016
- 마이클 퍼틱, 데이비드 톰슨, 《디지털 평판이 부를 결정한다》, 중앙북스, 2015
- 세스 고딘, 《린치핀》, 21세기북스, 2010
- 케이윳 첸, 마리나 크라코브스키, 《머니랩》, 타임비즈, 2010
- 정문정, 《무례한 사람에게 웃으며 대처하는 법》, 가나출판사, 2018

- 마쓰이 타다미쓰, 《무인양품은 90%가 구조다》, 모멘텀, 2014

- 시부야 쇼조, 《선을 넘지 마라》, 흐름출판, 2010

- 리치 노튼, 나탈리 노튼, 《스튜피드》, 미디어윌, 2013

- 래리 보시디, 램 차란, 《실행에 집중하라》, 21세기북스, 2004

- 아이하라 다카오, 《왜 성공하는 사람만 성공할까》, 유노북스, 2015

- 제프리 제임스, 《왜 회사에서는 이상한 사람이 승진할까》, 비즈니스북스, 2014

- 탁진국, 《워커코드》, 프리이코노미 라이프, 2015

- 신우익, 《월급역전》, 한빛비즈, 2016

- 가오펑, 《이야기 자본의 힘》, 모노폴리언, 2016

- 고용일, 《이직의 패러독스》, 초록물고기, 2015

- 조벽, 《인성이 실력이다》, 해냄, 2016

- 호리에 다카후미, 《제로》, 크리스마스북스, 2014

- 르네 보르보누스, 《존중력 연습》, 더난출판, 2011

- 박윤희, 《커리어코칭의 이론과 실제》, 시그마프레스, 2015

- 에이미 추아, 《타이거 마더》, 민음사, 2011

- 팀 페리스, 《타이탄의 도구들》, 토네이도, 2017

- 에이미 추아, 제드 러벤펠드, 《트리플 패키지》, 와이즈베리, 2014

- 롯데인재개발원, 《팀장 매뉴얼》, 클라우드나인, 2014

- 수재나 E.플로레스, 《페이스북 심리학》, 책세상, 2015

- 이노마타 다케노리, 《하버드 최강 공부법》, 비즈니스북스, 2016

- 최철규, 《협상의 신》, 한국경제신문, 2015

- 윌리엄 유리, 《혼자 이기지 마라》, 스몰빅라이프, 2016

- 이지훈, 《혼창통》, 쌤앤파커스, 2010

- 김주환, 《회복탄력성》, 위즈덤하우스, 2011

- 제리 코니, 리 시어즈, 《회사형 인간》, 웅진윙스, 2006

- 캐런 레이비치, 앤드루 샤테, 《회복력의 7가지 기술》, 물푸레, 2003

- 강원국, 《회장님의 글쓰기》, 메디치, 2014

- 스콧 에블린, 《무엇이 임원의 성패를 결정하는가》, 올림, 2014

- 조연심, 이장우, 《퍼스널 브랜드로 승부하라》, 21세기북스, 2012

- 전옥표, 《빅 픽처를 그려라》, 비즈니스북스, 2013

- Shigetaka KOMORI, 《Innovating Out of Crisis》, Stone Bridge Press, 2015
- Rachel Botsman, 《Who Can You Trust?》, Portfolio Penguin, 2017
- 清水陽平, 《サイト別ネット中傷·炎上対応マニュアル》, 弘文堂, 2015

정기간행물

- 〈동아DBR No.234 승진의 조건〉, 2017년 10월호

신문 기사

- 〈매일경제〉, 인성검증 안된 재벌 3세, 툭하면 갑질, 2018년 4월 14일
- 〈매일경제〉, 미투 포비아(시리즈 상,하), 2018년 3월 5~6일
- 〈중앙SUNDAY〉, 미국 대학의 '합의된 성관계' 지침 보니, 2018년 3월 31일

논문

- 김대영, "평판 분야의 국내 연구에 대한 내용분석", 〈대한경영학회지〉, 27(11), 2014, p.1903-1921.
- 유창조, 김대영, 강우성, "특정 브랜드에 대한 퍼블리시티의 방향성이 브랜드 계층구조상의 다른 브랜드들에 대한 평가에 미치는 영향", 〈소비자학연구〉, 24(4), 2013, p.73-98.
- 강우성, 유창조, 김대영, "브랜드에 대한 부정적 기사내용이 브랜드 평가에 미치는 영향: 브랜드 전략 유형과 선호정도에 따른 차이를 중심으로", 〈마케팅관리연구〉, 20(3), 2015, p.65-99.
- Sullivan, S. E., Carden, W.A., & Martin, D. F., "Careers in the next millennium: directions for future research. A reconceptualization of traditional career theory", 〈Human Resource Management Review〉, 8, 1998, p.165–185.
- Steven H. Appelbaum, Victor Santiago, "Career development in the plateaued organization", 〈Career Development Internationa〉, 1997
- Soroush Vosoughi1, Deb Roy, Sinan Aral, "The spread of true and false news online", 〈Science〉, 2018

사람들은 나를 어떻게 생각할까?

신뢰가 전부다

초판 1쇄   2018년 6월 20일
초판 8쇄   2024년 3월 10일

지은이   김대영
펴낸이   허연
편집장   유승현   **편집3팀장** 김민보

편집   장아름
마케팅   김성현 한동우 구민지
경영지원   김민화 오나리
디자인   김보현 김신아

펴낸곳 매경출판㈜
등록 2003년 4월 24일(No. 2-3759)
주소 (04557) 서울시 중구 충무로 2(필동1가) 매일경제 별관 2층 매경출판㈜
홈페이지 www.mkpublish.com   **스마트스토어** smartstore.naver.com/mkpublish
페이스북 @maekyungpublishing   **인스타그램** @mkpublishing
전화 02)2000-2611(기획편집) 02)2000-2646(마케팅) 02)2000-2606(구입문의)
팩스 02)2000-2609   **이메일** publish@mkpublish.co.kr
인쇄 · 제본 ㈜M-print 031)8071-0961
ISBN 979-11-5542-854-2(03320)